Das Altpersische Reich

Ein spannender Überblick über das Achämenidenreich

Inhaltsverzeichnis

Einführung

Die beiden persischen Prinzessinnen, die Ehefrauen Alexanders des Großen, hielten sich umschlungen. Parysatis war die Tochter König Artaxerxes' III., der von seinem Wesir Bagoas vergiftet wurde, der auch den größten Teil der Männer der persischen Königslinie auslöschte. Stateira war die Tochter von Dareios III., dem letzten Monarchen aus der Dynastie der Achämeniden, der von seinen Männern ermordet worden war, nachdem Alexander das Persische Reich erobert hatte. Kurze Zeit, nachdem er beide Prinzessinnen am selben Tag geheiratet hatte, starb Alexander plötzlich, machte die Frauen zu Witwen und versetzte das Persische Reich in Aufruhr.

„Stateira! Was wird mit uns geschehen?"

Roxana stürmte in den Raum und rieb sich selbstzufrieden ihren geschwollenen Bauch, gefolgt von General Perdikkas, dem Oberbefehlshaber der kaiserlichen Armee. Roxana war Alexanders erste Frau, die Tochter eines baktrischen Häuptlings.

„Kein Grund zur Sorge, meine Lieben. Perdikkas wollte euch über die Entscheidung des Rates bezüglich der Nachfolge unseres Gatten informieren."

General Perdikkas räusperte sich: „Die Generäle haben entschieden, dass Alexanders Bruder, Arrhidaios und Roxanas Sohn gemeinsam König werden."

Stateira runzelte die Stirn. „Aber Arrhidaios fehlt es für die Herrschaft an Intellekt! Und woher wissen wir, dass Roxana einen Sohn gebären wird?"

Perdikkas lächelte. „Der Rat hat mich zum Regenten für Roxanas Sohn und Arrhidaios bestellt. Wenn das Kind ein Mädchen wird, wird der Rat wieder zusammentreten."

Roxana hatte währenddessen Wein in Kelche geschüttet. „Lasst uns jetzt einen Toast auf unseren lieben verstorbenen Gatten und die Zukunft des Reiches ausbringen."

Stateira und Parysatis sahen sich an. Der Wein musste sicher sein, wenn Roxana und Perdikkas aus derselben Flasche tranken. Minuten später erkannten sie ihren fatalen Fehler. Roxana grinste und schritt mit Perdikkas aus dem Zimmer, als die persischen Frauen keuchend ihre letzten Atemzüge taten.

Damit endete das persische Achämenidenreich. Aber wie hat es begonnen? Und wie ist es bis zu diesem Punkt gekommen?

Das Achämenidenreich war das erste Mega-Imperium der Welt, es umspannte drei Kontinente und auf seinem Höhepunkt über drei Millionen Quadratkilometer. Es löste Schrecken bei seinen großen Rivalen, den Griechen, aus, doch sie waren auch von der Kultur der Perser fasziniert. Das Erbe des Persischen Reiches, das sich von Südostasien über Osteuropa bis nach Nordafrika erstreckte, beeinflusste zwei Jahrtausende lang drei verschiedene Kontinente.

Warum heißt es Achämenidenreich? Es wurde nach Achaimenes benannt, über den wir nichts wissen, außer dass er ein persischer Stammesführer aus dem 7. oder 8. Jahrhundert und angeblich ein Vorfahr von Kyros dem Großen und Dareios I. war. Sein wirklicher Name war Hakamanisch („ein freundlicher Geist"), auf Griechisch „Achaimenes". Da die Könige des Reiches Perser waren, wird es oft als das Persische Reich bezeichnet. Der Begriff *Achämenidenreich* beschreibt jedoch eine spezifische Epoche der persischen Herrschaft, mit dem es von den Dynastien der Seleukiden, Parther und Sassaniden abgegrenzt wird, die später folgten.

Unter Kyros dem Großen entwickelte sich Persien 550 v. u. Z. (vor unserer Zeitrechnung) zu einem Großreich, das unter Dareios dem Großen 44 Prozent der Weltbevölkerung beherrschte. Die Welt hatte noch nie zuvor ein Reich dieser Größe gesehen. Als Konglomerat von Nationen und Ethnien war der Kern des Reiches das Land Persien (Parsa oder Persis), das ungefähr der heutigen Provinz Fars im Südwesten Irans auf der Ostseite des Persischen Golfs entspricht.

Wie unterscheidet sich dieses Buch von anderen Bücher über das alte Persien? Über das Achämenidenreich gibt es viele ausgezeichnete Bücher, die meisten von ihnen sind jedoch zu akademisch für eine allgemeine Leserschaft oder beschäftigen sich nur mit Teilaspekten der Kultur. Diese Darstellung ist breit angelegt und vermittelt ein tiefgehendes Verständnis dafür, wie die Perser die Welt verändert haben. Es ist akribisch recherchiert, aber leicht zu lesen und erweckt die außerordentlichen Perser zum Leben.

Die Erforschung des Achämenidenreiches ist schwierig. Nur wenige persische Quellen überlebten das Chaos, das dem Zusammenbruch des Reiches folgte und wiederkehrende Unruhen im Mittleren Osten haben die archäologischen Ausgrabungen unterbrochen. Museen auf der ganzen Welt verfügen über Lagerräume voller persischer Dokumente und Artefakte, die noch analysiert werden müssen. Wir verlassen uns hauptsächlich auf das, was griechische Historiker über die Perser geschrieben haben, aber Griechen und Perser lagen oft miteinander im Krieg. Es ist für jeden Historiker schon schwierig genug, objektiv zu sein, aber wenn man über seinen Erzfeind schreibt, ist das eine fast unmögliche Aufgabe.

Die nach Babylon deportierten Juden lieferten freundlichere Berichte über ihre neuen persischen Herrscher und Emanzipatoren. Kyros erlaubte ihnen die Rückkehr in ihre Heimat und finanzierte den Wiederaufbau des Tempels in Jerusalem. Sie zeichneten ihre Interaktion mit den persischen Königen im Tanach (dem Alten Testament) und in der Geschichte des Flavius Josephus auf. Dieses Buch versucht, eine mittlere Position einzunehmen, indem es griechische, jüdische und andere Quellen verwendet und daran erinnert, dass Berichte gewöhnlich einer Seite zuneigen und dass einige Historiker Jahrhunderte nach den eigentlichen Ereignissen schrieben.

Worin liegt der Nutzen, sich mit Geschichte zu beschäftigen? Die alten Geschichten sind oft fesselnd, und die Perser hatten sicherlich kaum langweilige Momente. Ihr luxuriöser Lebensstil, die Intrigen in ihren Palästen und ihre erstaunlichen Eroberungen werden Sie zum Umblättern anregen! Aber in der Geschichte geht es im Wesentlichen um Veränderung. Wir erfahren mehr über die Katalysatoren des Wandels, wenn wir aufschlüsseln, wie sich andere Zivilisationen entwickelt haben und gewachsen sind. Außerdem liefern die Faktoren, die zum Zusammenbruch einer Zivilisation führen, ein abschreckendes Beispiel dafür, was man nicht tun sollte.

Die Erforschung des beispiellosen Aufstiegs und katastrophalen Niedergangs des Persischen Reiches ist eine Untersuchung des Wandels. Welche Faktoren führten dazu, dass Kyros den gesamten Nahen Osten eroberte? Was trieb seine Nachfolger dazu, das Imperium nach Afrika und Europa auszubreiten? Wie veränderten sich die Dinge plötzlich, nachdem er die Griechen über ein Jahrhundert lang im Würgegriff gehalten hatte? Das Verständnis der Metamorphose Persiens hilft uns zu erkennen, wie kulturelle, wirtschaftliche und politische Transformationen in unserer eigenen Welt stattfinden. Lassen Sie uns in der Zeit zurückgehen, um zu erfahren, wie die Perser die Weltgeschichte beeinflusst haben und welche Lehren wir aus ihrem atemberaubenden Reich ziehen können.

TEIL EINS:
DER AUFBAU EINES REICHES

Kapitel 1: Die Ursprünge der Perser

Bevor das erstaunliche Achämenidenreich auf der Weltbühne erschien, siedelten persische Stämme im Süden des Iran an den zerklüfteten Ausläufern, die zu den schneebedeckten Gipfeln des Zagros-Gebirges führen. Im Nordosten und Osten liegen die nahezu unbewohnbaren Salzwüsten Kawir und Lut. Das Leben auf dem zerklüfteten iranischen Plateau war eine Herausforderung, aber wie Kyros der Große einmal sagte: „Weiches Land bringt weiche Menschen hervor." Woher kamen die Perser, bevor sie sich im Iran niederließen? Was brachte sie in ihre neue Heimat?

In der Bronzezeit (3300–1200 v. u. Z.) lebten Menschen, die Varianten des Protoindoiranischen sprachen, vor allem im heutigen Turkmenistan, Afghanistan und Usbekistan. Einige indoiranische Stämme erstreckten sich östlich bis an Chinas Xinjiang-Provinz und südlich bis zum indischen Subkontinent. Diese Menschen nannten sich arisch, was „edel" oder „frei" bedeutet. Der Name Iran (ايران) bedeutet „das Land der Arier".

Eine Massenbewegung dieser iranischen Stämme, die als arische Migration bezeichnet wird, spaltete sich Ende des zweiten Jahrtausends v. u. Z. in drei Gruppen auf. Eine Gruppe blieb in der arischen Kernregion oder wanderte leicht nach Süden, entlang des Flusses Oxus (Amu Darya). Sie bildeten die baktrischen und sogdischen Stämme nördlich des Hindukusch-Gebirges im heutigen Tadschikistan, Usbekistan, Afghanistan, Kasachstan und Kirgisistan. Die zweite Gruppe, die Arianer

(Arier), Drangianer und Arachosier, ging nach Süden in die Ebenen zwischen den Bergen Irans und Afghanistans.

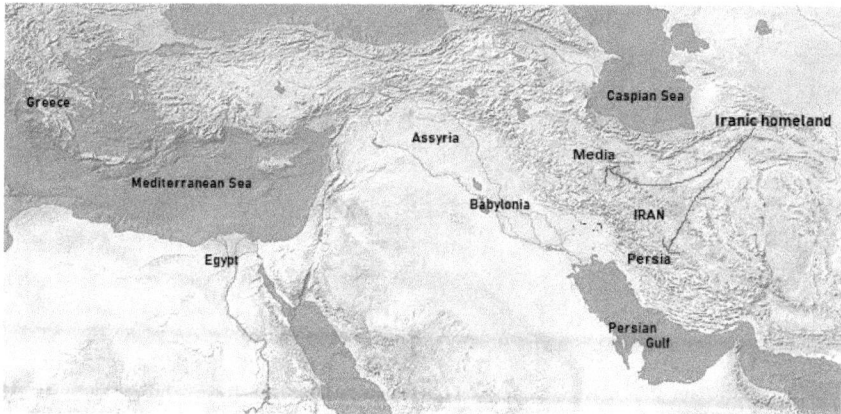

Indo-iranische Stämme wanderten von Zentralasien in den heutigen Iran ein.
Modifiziertes Foto: vergrößert, Beschriftung ergänzt. Nachweis: Natural Earth, CC BY-SA 4.0
<https://creativecommons.org/licenses/by-sa/4.0>, via Wikimedia Commons;
https://commons.wikimedia.org/wiki/File:Colorful_shaded_map_of_Middle_East.jpg

Die dritte Welle indo-iranisch sprechender Menschen schwappte in zwei Wellen in das iranische Hochland. Die Ersten, die um 1100 v. u. Z. ankamen, wanderten in den Norden des Iran ein und bildeten schließlich das Königreich Medien. Wenig später ließen sich die Vorfahren der Perser, die eine als Altpersisch bekannte Sprache sprachen, im Südwesten des Iran nieder. Was hat diese Migration aus dem Nordosten ausgelöst?

Warum sie Zentralasien verließen, ist nicht bekannt, aber vermutlich lag der Grund in Überweidung oder Vertreibung durch mächtigere Stämme. Die frühen Perser und Meder errangen die Vorherrschaft im Machtvakuum, das durch den Niedergang der Königreiche von Elam, Assyrien und Babylonien entstanden war. Wer lebte vor den Medern und Persern im Iran? Und was passierte, als die Perser dorthin kamen? Irans bronzezeitliche Bevölkerung bestand aus den Gutäern, den Hurritern und anderen, aber die Elamiter dominierten. Sie entwickelten im 3. Jahrtausend v. u. Z. eine differenzierte Kultur in den heutigen südwestlichen iranischen Provinzen Fars und Chusistan, die über die Keilschrift und das Rad verfügte. Sie kontrollierten dieses Gebiet in den nächsten zwei Jahrtausenden, obwohl sie zeitweise auch Vasallen der Akkadier, Assyrer und Babylonier waren und oft im Konflikt mit diesen Kulturen lagen.

Die Perser begannen um 1000 v. u. Z. in den Südiran auszuwandern und schufen sich innerhalb von zweihundert Jahren friedlich ein Gebiet in der heutigen Provinz Fars (damals bekannt als Parsua, Parsa oder Persis). Sie lebten unter den Elamitern unter assyrischer Herrschaft. Die Perser hatten keine Schriftsprache, also übernahmen sie die elamitische Schrift zum Schreiben und sprachen sogar elamitisch für Verwaltungsangelegenheiten. Als sie sich vermischten und untereinander heirateten, übernahmen die Perser andere elamitische Bräuche, einschließlich des Kleidungsstils und der Kunstwerke.

Die Perser lebten vier Jahrhunderte lang Seite an Seite mit den Elamitern, ohne dass es Berichte über Feindseligkeiten zwischen den beiden Ethnien gab. Die einzige Ausnahme bilden assyrische Schriften, die von persischen Überfällen auf die Elamiter in der Mitte des 7. Jahrhunderts v. u. Z. berichten. Zu dieser Zeit gaben die meisten Perser ihre nomadische Lebensweise auf und ließen sich in Dörfern und Städten nieder. Dieser Wandel der Lebensweise führte zu häufigeren internen Reibereien innerhalb der persischen Stämme und Konflikten mit ihren Nachbarn.

Die erste schriftliche Erwähnung der Perser im Iran ist eine Inschrift auf dem Schwarzen Obelisken. Der assyrische König Salmanassar III. spricht davon, dass er im Jahr 836 v. u. Z. Tribut von siebenundzwanzig persischen „Königen" (wahrscheinlich Stammeshäuptlingen) erhielt:

> „In meinem vierundzwanzigsten Regierungsjahr überquerte ich [Salmanassar III.] den Unterlauf des Zab, überquerte den Berg Haschimur und zog hinab in das Land Namri. Ianzu, der König des Landes Namri, erschrak angesichts meiner mächtigen Waffen und floh, um sein Leben zu retten. Ich nahm seine befestigten Städte ein. Ich metzelte sie nieder, plünderte sie aus, verwüstete, zerstörte und verbrannte diese Städte. Die Überlebenden flohen auf einen Berg. Ich belagerte den Berggipfel, nahm ihn ein, schlachtete sie ab, plünderte sie aus und brachte ihr Eigentum nach unten. Als ich aus dem Land Namri auszog, erhielt ich den Tribut von siebenundzwanzig Königen aus dem Land Parsua. Ich zog hinab in die Länder Messu, Medien, Araziasch und Harhar und nahm die Städte ein."[1]

---

[1] A. K. Grayson, *Assyrian Rulers of the Early First Millennium BC II (858-745 BC) (Royal Inscriptions of Mesopotamia. Assyrian Periods. Volume 3)* (Toronto: University of Toronto Press, 1996), 67-8.

Der Schwarze Obelisk zeigt Menschen, die Salmanassar III. Tribute entrichten.
https://commons.wikimedia.org/wiki/File:A_Short_History_of_the_World,_p0139.jpg

Man beachte, dass die Assyrer bei diesem Feldzug auch medische Städte einnahmen. Einige Jahrzehnte später zeigte eine Inschrift des assyrischen Königs Adad-Nirari III., dass die Perser immer noch Tribut an die Assyrer zahlten. Das Land Namri in dieser Inschrift ist wahrscheinlich kassitisches Gebiet. Die Kassiten herrschten vier Jahrhunderte lang über Babylon, fielen dann aber an die Aramäer, Chaldäer und Assyrer. [2]

Das assyrische Kernland lag im Norden, an der Westseite des Zagros-Gebirges. Die Assyrer begehrten jedoch die Pferde der Perser sowie das Eisen und andere Metalle, die in den Bergen abgebaut wurden. Durch die Region führte die Straße von Chorasan, eine wichtige Handelsroute vom Westen nach Zentralasien. Die Akkader, Assyrer und Babylonier waren wiederholt in den Iran eingedrungen, beherrschten die Handelsrouten und forderten Tribut in Form von Pferden, Kamelen, Schafen, Bronze, Kupfer, Gold, Silber, Leinen, Wolle, Wein und Mineralien.

Manchmal wendete sich das Blatt, und die Elamiter, Kassiten, Gutianer und andere Stämme überquerten das Zagros-Gebirge und plünderten das fruchtbare „Land zwischen den Flüssen". Sie überfielen Sumer, Akkad, Babylonien und Assyrien wegen des Getreides, das Mesopotamien produzierte, und wegen des großen Reichtums, den die Erbauer der westlichen Reiche aus anderen Ländern angehäuft hatten. In seltenen Fällen, wie bei den Kassiten in Babylon, ließen sie sich nieder und

---

[2] J. E. Reade, „Kassites and Assyrians in Iran," *Iran* 16 (1978): 137.
https://www.jstor.org/stable/4299653?origin=crossref

regierten.

Die neu entwickelte Technologie der Neuassyrer für den Belagerungskrieg umfasste Rammböcke mit Metallköpfen und Feuerwurfmaschinen. Zuvor waren die Assyrer in den Iran eingefallen, um zu plündern, zu brandschatzen und Tribut zu fordern. Tiglath-Pileser III. (reg. 745-727 v. u. Z.) verfolgte einen anderen Ansatz: die Umsiedlung der Bevölkerung. Die Untertanen aller lästigen Gebiete, die nicht regelmäßig Tribut zahlten oder, schlimmer noch, versuchten, gegen die Assyrer zu kämpfen, wurden deportiert.

Die verbannte Bevölkerung wurde versklavt oder in eine andere, weit entfernte Region umgesiedelt. Tiglat-Pileser siedelte fünfundsechzigtausend Meder aus dem nordwestlichen Iran nach Phönizien und Syrien an der Mittelmeerküste um und ließ die Phönizier und Syrer im Iran leben. Städte, die sich nicht wehrten, wurden tributpflichtige Provinzen des assyrischen Reiches. Tiglat-Pileser deportierte die Perser nicht, aber er schnitt den Männern den rechten Daumen ab. Sie konnten weder einen Speer werfen noch ihre Krummsäbel (gebogene Schwerter) schwingen, aber sie konnten weiterhin arbeiten und Tribut an Assyrien zahlen.

Ein alter iranischer Mythos spiegelt die Grausamkeiten und die Unterdrückung dieser Zeit wider. Er erinnert an eine glückliche Zeit in ferner Vergangenheit, in der Tiere und Menschen friedlich zusammenlebten, als die Menschen Musik, Tanz, Malerei und Poesie entwickelten. Krankheit und Tod waren unbekannt, und Yima (Jamshid) der Strahlende herrschte über sie. Doch Yima wurde hochmütig und vergaß, dass seine Segnungen von ihrem Schöpfergott Ahura Mazda kamen. Obwohl er Buße tat, ermöglichte dies Azhi Dahaka, der Schlange, Yima zu stürzen und zu töten. Dahaka erlangte daraufhin die Herrschaft über die Welt und brachte Chaos, Dürre, Krankheit und Tod mit sich. Für die Iraner waren die Assyrer die Verkörperung von Azhi Dahaka.

Die Iraner stellten Dahaka (Zahhak) mit Schlangen dar, die aus seinen Schultern herauskommen.
https://en.wikipedia.org/wiki/Zahhak#/media/File:Mir_Musavvir_002_(Zahhak).jpg

Einer der Meder, den die Assyrer nach Hamat in Syrien deportierten, hieß auf Assyrisch Daiukku, auf Altpersisch Dahyuka und auf Griechisch Deiokes. Der griechische Historiker Herodot identifizierte ihn als den Gründer des medischen Königreiches, von dem die Mutter von Kyros dem Großen abstammte. Herodots Historien liefern wertvolle Informationen über das Achämenidenreich, auch wenn sie manchmal verzerrt oder zweifelhaft sind.

Herodot wuchs in der griechischen Küstenkolonie Halikarnassos in der heutigen Westtürkei auf, die unter persische Kontrolle geriet, wodurch Herodot und seine Familie widerwillig Teil des Achämenidenreiches wurden. Seine Familie schloss sich Rebellen an, die erfolglos versuchten, die persische Oberherrschaft zu stürzen. Wir werden seine Version der Ereignisse im Laufe dieses Buches nachlesen, aber denken Sie daran, dass die Perser, oder „Barbaren", wie er sie nannte, seine Feinde waren.

Im Jahr 691 v. u. Z. berichtete der assyrische König Sanherib, dass sich Zehntausende von Persern einer Koalitionsarmee mit Aramäern, Babyloniern, Chaldäern und Elamitern unter der Führung des elamitischen Königs Humban-numena anschlossen. Dieses Bündnis war möglicherweise das einzige Mal, dass die Perser gegen die Assyrer kämpften. Diese persischen Krieger waren die Söhne der Männer, denen die Daumen abgeschnitten worden waren. Trotz ihrer großen Zahl konnte sich die Koalition in der abschließenden Schlacht am Ufer des Tigris nicht gegen die wilden Assyrer durchsetzen. Nach Sanheribs Bericht verloren die verängstigten Perser und ihre Gefolgsleute die Kontrolle über ihre Eingeweide und flohen.

Jahrzehnte später zerstörten die Assyrer unter der Führung von König Assurbanipal die alte elamitische Hauptstadt Susa, was den persischen König Kurasch in Panik versetzte, weil er befürchtete, dass seinem Reich dasselbe widerfahren würde. Kurasch war der assyrische Name für Kyros, wahrscheinlich handelte es sich um Kyros I., den Großvater von Kyros dem Großen. Kurasch bemühte sich rasch um Frieden mit Assyrien und schickte sogar seinen ältesten Sohn als Geisel, wie der assyrische König berichtete.

> „Nachdem die siegreichen Waffen Assurs ganz Elam besiegt und zerstört hatten, gerieten die Völker ringsum in Furcht. Die Furcht vor meiner Majestät überwältigte sie, und sie sandten ihre Boten aus, um mit kostbaren Geschenken Freundschaft und Frieden zu gewinnen. Sie erkundigten sich nach dem Wohlergehen meiner Majestät, sie küssten meine Füße und suchten meine Herrschaft. Als Kurasch, der König von Parsua, von dem gewaltigen Sieg hörte, den ich mit Hilfe der großen Götter Assur, Bel und Nabu über Elam errungen hatte, und dass ich ganz Elam wie eine Flut überschwemmt hatte, schickte er Arukku, seinen ältesten Sohn, zusammen mit seinem Tribut als Geisel nach Ninive, meiner herrschaftlichen Stadt, und flehte um meine Herrschaft." [3]

Im antiken Griechenland, in Makedonien und im Nahen Osten hielten die herrschenden Könige die königlichen Kinder ihrer Vasallenkönigreiche oft als Geiseln. Die meisten Vasallenkönige wagten es nicht, Tributzahlungen zu verweigern oder sich ihren Oberherren zu

[3] Amélie Kuhrt, *The Persian Empire: A Corpus of Sources from the Achaemenid Period* (London: Routledge, 2007), 53-4.

widersetzen, da sie befürchteten, dass ihrem Kind etwas zustoßen könnte. Indem Kurasch seinen Kronprinzen an Assurbanipal übergab, signalisierte er seine dauerhafte Unterwerfung. Kinder, die als Geiseln festgehalten wurden, wuchsen gewöhnlich im Palast des herrschenden Königs oder im Haus eines Adligen auf, lernten die Sprache und schlossen Freundschaften mit der königlichen Familie. Im späten Teenageralter oder im frühen Erwachsenenalter kehrten sie in ihr Heimatland zurück, um der nächste König zu werden oder ein hohes Amt zu übernehmen.

Gelegentlich ging dieser Brauch zu Lasten des Königreichs, das die Königssöhne gefangen hielt. Wenn ein Prinz im Palast des rivalisierenden Königreichs oder bei einem wichtigen Adligen aufwuchs, erhielt er wertvolle Insider-Informationen, die er bei seiner Rückkehr in sein Heimatland gegen dieses verwenden konnte. Genau das geschah in Makedonien, und eine Reihe von Ereignissen führte schließlich zum Untergang des persischen Reiches. Philipp II., der Vater von Alexander dem Großen, wurde im Alter von dreizehn Jahren als Geisel nach Theben gebracht. Zu dieser Zeit war Theben die stärkste Macht Griechenlands und hatte Makedonien unter seinem Joch. Der oberste Feldherr von Theben, Pelopidas, machte Philipp zu seinem Eromenos (jüngerer Sexualpartner), und sein enger Freund Epaminondas bildete Philipp in den unbezwingbaren militärischen Künsten von Theben aus.

Philipp nutzte später sein genaues Wissen über die thebanische Taktik, insbesondere die innovative thebanische Phalanx-Formation, als er den Thron des angeschlagenen makedonischen Königreichs bestieg. Dank seiner Ausbildung in der weltweit unübertroffenen Militärtechnik konnte er die Bedrohungen seines Königreichs abwehren und schließlich Theben und das übrige Griechenland erobern. Er bildete seinen Sohn Alexander in diesen militärischen Taktiken aus, die es Alexander dem Großen ermöglichten, Persien zu erobern.

Im 7. Jahrhundert v. u. Z. erwies sich die anhaltende Feindseligkeit zwischen Assyrien und Elam als tödlich für die Elamiter. Die Assyrer eroberten nicht nur Städte, sondern löschten sie aus, massakrierten große Teile der Bevölkerung und setzten schockierende Foltermethoden ein, um die Königreiche zur Unterwerfung zu zwingen. Ihre makabren Inschriften feierten die entsetzlichen menschlichen Qualen, die sie anrichteten. Sie prahlten damit, Kriegern die Haut abzuziehen, andere aufzuspießen und Pyramiden mit den Köpfen ihrer Opfer zu hinterlassen. Sie versklavten körperlich gesunde Erwachsene und bauten

Scheiterhaufen, um ihre Kinder zu verbrennen. Im Jahr 646 v. u. Z. marschierte Assurbanipal in Elam ein und zerstörte Susa und achtundzwanzig weitere elamitische Städte, wodurch die Bevölkerung dezimiert wurde.

Assurbanipal demütigte den elamitischen König und zwang ihn, ihm Essen zu servieren.
Carole Raddato from FRANKFURT, Germany, CC BY-SA 2.0
<https://creativecommons.org/licenses/by-sa/2.0>, via Wikimedia Commons;
https://commons.wikimedia.org/wiki/File:Humiliation_of_the_Elamite_King_at_the_court_of_Ash urbanipal.jpg

Die persischen Nachbarn Elams achteten indessen darauf, Frieden mit Assyrien zu halten, und erlitten nicht das gleiche Schicksal. Wenn die Assyrer die Berge überquerten und sich auf persisches Gebiet zubewegten, boten die Perser in der Regel Pferde und manchmal ihre königlichen Kinder an, um die Eindringlinge zu besänftigen. In anderen Fällen verließen sie ihre Städte, nahmen ihre Wertsachen mit und verschanzten sich im Zagros-Gebirge, bis die Gefahr vorüber war. Während die Assyrer den Elamitern große Verluste zufügten, konnten die Perser dank ihrer pragmatischen Weigerung, sich auf eine Schlacht einzulassen, überleben und sogar gedeihen. Allmählich wuchs die Zahl und Stärke der Perser, die in die verlassenen Städte und Regionen vordrangen, die einst von den Elamitern bewohnt worden waren.

Nach dem indischen Rigveda und den mündlichen Überlieferungen der Zoroastrier waren die ersten Perser hervorragende Reiter und

Viehhirten. Sie schätzten Pferde aus mehreren Gründen sehr. So waren die Perser beispielsweise für ihre Reitkünste und ihre furchterregenden Kriegswagen bekannt. Aber sie betrachteten ihre Pferde auch als das ultimative Opfertier. Die Perser opferten sie nicht nur ihren Göttern, sondern auch den Vorfahren ihrer großen Häuptlinge.

An der Spitze der frühen Perser standen Priester-Häuptlinge, die die Verwaltungsangelegenheiten regelten und die Gemeinschaft im Gottesdienst anführten. Als die Perser ursprünglich in den Iran kamen, ließen sie sich in den Randgebieten der elamitischen Gemeinden nieder. Die Perser waren eine relativ friedliche Gruppe, die normalerweise freundschaftlich mit ihren elamitischen Nachbarn zusammenlebte. Sie konnten jedoch auch leidenschaftlich kämpfen, wenn es nötig war. Sie erkannten, dass ein Krieg oft mehr Probleme mit sich brachte, als er löste, und zogen es daher vor, einen Frieden auszuhandeln, anstatt sich in Kämpfe mit den Assyrern und anderen Großmächten zu stürzen.

Friedliche Verhandlungen wurden zunehmend undurchführbar, da der Wettbewerb um das iranische Grasland rund um die Oasen und Flüsse zunahm. So entstand eine Kriegerklasse, die auch eine administrative Rolle übernahm. Anfangs dienten ihre Streitkräfte als Söldner für ihre kassitischen und elamitischen Nachbarn, aber schließlich bildeten sie ihr eigenes ausgebildetes Militär. Die Perser und andere Iraner waren meisterhafte Wagenlenker und entwickelten um 2000 v. u. Z. den Wagen mit Speichenrädern, der die Geschwindigkeit eines Wagens im Vergleich zu den älteren Rädern aus Massivholz radikal erhöhte. Die Entwicklung des Bronzegebisses führte zu ihren unvergleichlichen Reitkünsten und der Organisation einer beeindruckenden Kavallerie. Sie kämpften mit Waffen aus Bronze und später mit Schwertern, Lanzen und Rüstungen aus Eisen, als die Technologie der Eisenverhüttung entwickelt war.

Die Priester blieben eine einflussreiche Kraft in der persischen Gesellschaft. Schon vor ihrer Auswanderung in den Iran verehrten die Perser Sonne, Mond und Himmel. Als Zeltbewohner in ihrer Frühzeit sahen sie den Himmel als ein riesiges Himmelszelt an. Sie verehrten auch den vedischen Gott Mithra (den Hindu-Gott Mitra), Gott des Bundes und des Lichts und Hüter des Viehs. Beeinflusst von den Persern übernahmen die Römer später die Verehrung Mithras in ihre Mysterienreligion Mithraismus. Die vedische Religion, ein Vorläufer des Hinduismus, hatte großen Einfluss auf die Perser. Später wurden einige der vedischen Gottheiten zu Yazatas oder niederen Gottheiten in der zoroastrischen Religion.

Der vedische Mithra war ein wichtiger Gott der frühen Perser.

Als die nomadischen persischen Hirten sesshaft wurden, wandten sich einige dem Ackerbau zu, gaben ihre Zelte auf und bauten stattdessen Häuser aus Schilf oder gebranntem Ton. Im Gegensatz zu Ägypten und dem südlichen Mesopotamien, die auf die Bewässerung mithilfe ihrer großen Flusssysteme angewiesen waren, um die Landwirtschaft aufrechtzuerhalten, gab es in Persien in der Regel genug Regen für den Anbau von Feldfrüchten. Die zunehmende Sesshaftigkeit und das

Wachstum von Dörfern, Städten und Gemeinden führten zu einer besser organisierten Stammesverwaltung. Es bildeten sich Stadtstaaten, in denen mächtige Häuptlinge und schließlich Könige über weite Teile des Landes herrschten. Andere Perser lebten weiterhin als nomadische Hirten. Heute gibt es im Iran mehr als eine Million nomadische Hirten wie die Bachtiari und die Gaschgai-Stämme. Die Nomaden schufen eine für beide Seiten vorteilhafte Beziehung zu ihren sesshaften Verwandten und tauschten Rinder, Pferde und Käse gegen Getreide, Obst und Keramik.

Der Übergang von der nomadischen Lebensweise zur Stadtbevölkerung führte zu Konflikten und Machtspielen, da die Stadtstaaten um Agrarland und die Herrschaft über die umliegenden Städte wetteiferten. Obwohl die Perser eine gemeinsame ethnische Zugehörigkeit, Sprache und Kultur hatten, vereinigten sie sich erst viel später, als Kyros der Große an die Macht kam, zu einem einzigen Königreich. Stattdessen litt Persien unter einer Ära des Chaos, als die Häuptlinge ihre Rivalen um das göttliche Recht zu herrschen bekämpften, das ihrer Meinung nach von dem indo-iranischen Kriegsgott Verethragna stammte. Verethragna wird noch heute im Hinduismus als der vedische Gott Indra und im Zoroastrismus als Bahram, ein Amaschaspand, eine der sieben Gottheiten unter ihrem Hauptgott Ahura Mazda, verehrt.

Während die Perser im Süden Irans immer stärker und zahlreicher wurden, erlebten ihre entfernten Verwandten, die Meder im Norden, ebenfalls einen Aufschwung, insbesondere nach dem Zerfall des assyrischen Reiches. Obwohl Perser und Meder die vedische Religion und die indo-iranische Sprachgruppe teilten, hatten sie in den ersten Jahrhunderten im Iran nur wenig miteinander zu tun. Doch als beide an Macht gewannen, war ein Zusammenstoß unvermeidlich. Wer von beiden würde die Vorherrschaft über den anderen erlangen?

Kapitel 2: Perser und Meder

Eine Träne lief Kynos Wange hinab, während sie die Kühe molk. Ihre eigenen Brüste waren voll und schmerzten, aber ihr Kind war tot geboren worden. Würde sie jemals ein Baby an ihre Brust drücken? In diesem Moment hörte sie das Wimmern eines Säuglings und drehte sich um. Dort stand ihr Mann, Mithridates, und trug ein gewickeltes Baby! Sie riss ihm das Kind aus den Armen und legte es an ihre Brust, an der es heißhungrig saugte.

„Wer ist er? Wo kommt er her?", fragte Kyno und streichelte das Gesicht des Kindes.

„Das kann ich dir nicht sagen, aber er gehört jetzt dir", antwortete Mithridates. „Erzähl' nur niemandem, dass dein eigenes Kind gestorben ist, und sorge dafür, dass jeder denkt, dass dieses Kind unser richtiger Sohn ist."

Und so wuchs laut Herodot der Sohn des persischen Königs als Sohn eines Kuhhirten im Schatten des medischen Königspalastes auf. Eines Tages sollte dieses Kind als Kyros der Große, König des Achämenidenreiches über drei Kontinente herrschen.

Unser Wissen über die Meder stammt aus mehreren Quellen. Die Assyrer erwähnten die Meder, die an ihrer Ostgrenze lebten, häufig in ihren Inschriften. Der babylonische Geschichtsschreiber Berossos schrieb im 4. Jahrhundert über die Meder, die einst mit Babylon verbündet waren, später aber an der Seite der Perser zu Eroberern wurden. Ktesias, der griechische Arzt und Geschichtsschreiber des 5. Jahrhunderts, der im Achämenidenreich lebte, schrieb die *Persiká*, seine Geschichte

Babyloniens, Assyriens, Mediens und Persiens.

Xenophon, ein Grieche des 4. Jahrhunderts, kämpfte als Söldner für die Perser. Er schrieb über seine Abenteuer im Kampf für die Perser und eine Biographie Kyros des Großen, wobei er die Perser in einem viel positiveren Licht als Herodot erscheinen ließ. Dennoch steht Xenophons Darstellung der Meder als dekadent reich und despotisch im Widerspruch zum hebräischen Tanach, in dem es heißt, dass die Meder „keine Achtung vor Silber und kein Verlangen nach Gold haben."[4]

Dieses Bas-Relief aus Persepolis zeigt die Perser in knöchellangen Umhängen und Sandalen abwechselnd mit den Medern, die kurze Tuniken und kniehohe Stiefel tragen.
Aneta Ribarska, CC BY-SA 3.0 <https://creativecommons.org/licenses/by-sa/3.0>, via Wikimedia Commons https://commons.wikimedia.org/wiki/File:Persepolis_carvings.JPG

Seit dem assyrischen König Tiglat-Pileser (reg. 745–727 v. u. Z.) standen die westlichen medischen Gebiete, die an Assyrien grenzten, unter der Kontrolle der Assyrer, aber die östlichen Meder waren wild entschlossen, unabhängig zu bleiben. Tiglat-Pileser annektierte Persien im Jahr 744 v. u. Z. und erhielt Tribute von den Medern und Persern in Form von Maultieren, Pferden, baktrischen Kamelen, Schafen, und Vieh. Im Jahr 737 v. u. Z. notierte Tiglat-Pileser, dass er über 1.700 Pferde von den medischen Städten erhalten habe.

Herodot berichtet, dass Deiokes (Daiukku) der erste medische Schah (König) und Priester war. Er war ursprünglich ein bescheidener Dorfrichter, sein Ruf, weise und unparteiisch zu sein, zog andere Meder

---

[4] Isaiah 13:17, Tanakh: Navi: Book of Yeshayahu, Jewish Virtual Library: A Project of AICE. 1997. https://www.jewishvirtuallibrary.org/the-tanakh-full-text.

an, um ihn zu konsultieren, bis er schließlich als Richter über alle Meder fungierte. Er vereinte die Meder unter einer Regierung und baute die Hauptstadt Ekbatana (von der man annimmt, dass es sich um die archäologische Ausgrabungsstätte Hagmatāna handelt). Herodot schrieb, die Meder hätten keinen direkten Zugang zu ihrem König gehabt, sondern mussten per Boten mit ihm kommunizieren. Der assyrische König Sargon II. (reg. 722–705 v. u. Z.) fühlte sich von Deiokes Bemühungen um die Vereinigung der Meder mit den nördlichen urartäisch-armenischen Stämme bedroht, so dass er Deiokes ergriff und ihn nach Syrien verbannte.

In der Zwischenzeit fanden sich die Stämme Persiens unter der Führung eines Königs, Teispes (Caispis), zusammen, dem Urgroßvater von Kyros dem Großen. Dareios der Große sagte, Teispes sei Achaimenes' Sohn (von dem wir den Namen der Achämeniden haben). Dareios behauptete, dass auch er von Teispes abstamme, aber aus einer anderen Linie der Familie. Diese frühen persischen Könige regierten von der alten Stadt Anschan aus, die Teispes von den Elamitern in Besitz genommen hatte, deren eigenes Königreich nach anhaltenden Kriegen mit den Assyrern schwach und zerstückelt war.

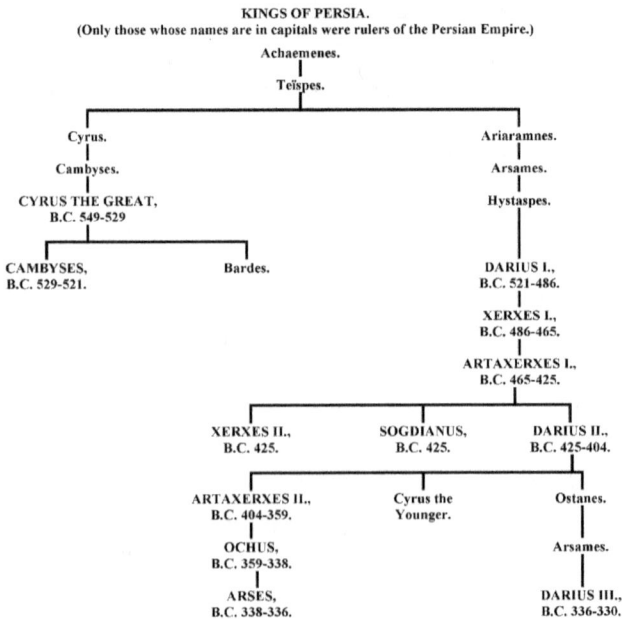

KINGS OF PERSIA.
(Only those whose names are in capitals were rulers of the Persian Empire.)

Achaemenes.

Teïspes.

Cyrus.
Cambyses.
CYRUS THE GREAT, B.C. 549-529
CAMBYSES, B.C. 529-521.   Bardes.

Ariaramnes.
Arsames.
Hystaspes.
DARIUS I., B.C. 521-486.
XERXES I., B.C. 486-465.
ARTAXERXES I., B.C. 465-425.

XERXES II., B.C. 425.   SOGDIANUS, B.C. 425.   DARIUS II., B.C. 425-404.

ARTAXERXES II., B.C. 404-359.   Cyrus the Younger.   Ostanes.
OCHUS, B.C. 359-338.   Arsames.
ARSES, B.C. 338-336.   DARIUS III., B.C. 336-330.

Autor: Sir Charles William Chadwick Oman, 1860–1946
https://commons.wikimedia.org/wiki/File:Kings_of_the_Achaemenid_Empire.jpg

Im Jahr 676 v. u. Z. empfing der assyrische König Asarhaddon in seiner Hauptstadt Ninive Botschafter der „fernen Meder". Diese Meder lebten weit im Osten, entlang der Großen Salzwüste, und baten den assyrischen König um Unterstützung gegen andere Stämme, die sie bedrängten. Die Meder küssten Asarhaddon die Füße und brachten Blöcke aus halbedlen Lapislazuli-Steinen und edle Schlachtrösser mit. Asarhaddon schlug die Feinde der Meder nieder und marschierte weiter nach Osten, als die Assyrer es je gewagt hatten. Er deportierte ihre Bevölkerung nach Assyrien und häufte Beute in Form von Kamelen, Rindern und Pferden an.

Herodot berichtet, dass Deiokes' Sohn Phraortes gegen die Perser Krieg führte und sie unter seine Kontrolle brachte. Phraortes begann systematisch, andere Stammesgruppen zu erobern, bis er den Fehler machte, die Assyrer anzugreifen, die ihn töteten. Sein Sohn, Kyaxares der Große (reg. 625-585 v. u. Z.), organisierte die medische Armee in Regimenter aus Reitern, Bogenschützen und Speerkämpfern. Nachdem er die Lydier in Kleinasien bekämpft und unterworfen hatte, war es an der Zeit, den Tod seines Vaters zu rächen.

Während Kyaxares die assyrische Hauptstadt Ninive erfolgreich belagerte, griff der Skythenkönig Madyes plötzlich und scheinbar aus dem Nichts seine Nachhut an! Die Skythen waren ebenfalls arische Nomaden, die hauptsächlich in der heutigen Ukraine, nördlich des Schwarzen Meeres, lebten. Die Skythen sprachen eine Variante der iranischen Sprache und folgten der vedischen Religion. Von ihren Verwandten, den Saken, aus ihrer Heimat vertrieben, eroberten die Skythen das Gebiet der Kimmerer und verdrängten sie aus den Steppen nördlich des Kaspischen und Schwarzen Meers.

Der kimmerische Adel, ebenfalls Indo-Iraner, konnte es nicht ertragen, seine Heimat zu verlassen, und beging Massenselbstmord. Die kimmerischen Bürger begruben ihre Könige und wanderten dann nach Südwestasien aus, immer noch verfolgt von den unerbittlichen Skythen. Im Jahr 705 v. u. Z. versuchten sie, nach Assyrien vorzudringen, wurden aber von Sargon II. daran gehindert (obwohl er in der Schlacht fiel). Schließlich ließen sie sich in Anatolien (Türkei) nieder. Während der Herrschaft von Kyaxares' Vater unterwarf der skythische König Madyes die Meder und herrschte achtundzwanzig Jahre lang gewaltsam und chaotisch. Skythen heirateten in die medische Aristokratie ein und beeinflussten deren Kultur, indem sie beispielsweise die Hosen einführten. Kunstwerke an persischen Palastwänden und griechische

Vasen zeigen die Meder, die langärmelige Jacken über enganliegenden Hosen und eine Kapuze mit Klappen über dem Kinn trugen. Die persischen Männer trugen in der Schlacht Hosen, ansonsten aber lange Gewänder.[5]

Die Meder übernahmen eine ähnliche Kleidung wie dieser Saka-Kriegerhäuptling.
Credit: Derzsi Elekes Andor, CC BY-SA 3.0 <https://creativecommons.org/licenses/by-sa/3.0>, via Wikimedia Commons;
https://commons.wikimedia.org/wiki/File:The_Golden_Warrior_from_the_Issyk_kurgan.jpg

---

[5]Reza Zarghamee, *Discovering Cyrus: The Persian Conqueror Astride the Ancient World* (Washington, DC: Mage Publishers, 2018), 77.

Innerhalb von zwei Jahrzehnten verbündeten sich die Skythen und Kimmerer vorübergehend gegen ihren gemeinsamen Feind, die Assyrer. Das ging nicht gut aus, denn der assyrische König Asarhaddon tötete den skythischen König. Der nächste skythische König wählte einen neuartigen und kühnen Ansatz: Er bat Asarhaddon um die Hand seiner Tochter und verbündete sich mit den Assyrern. Als Kyaxares der Meder um 625 v. u. Z. Ninive belagerte, kamen die Skythen den Niniviten zu Hilfe, kämpften gegen ihre Vasallen und besiegten Kyaxares und sein medisches Heer am Fuße der Mauern von Ninive.

Nach fast drei Jahrzehnten skythischer Tyrannei heckte Kyaxares einen Plan aus, um sich zu befreien. Später, 625 v. u. Z., lud er die skythischen Fürsten zu einem prächtigen Festmahl ein. Die Meder tranken verdünnten Wein, während sie den Skythen hochprozentigen Wein servierten. Als die Skythen betrunken waren und unter den Tisch rutschten, massakrierten die Meder den gesamten skythischen Adel. Nach dem Blutbad blieben nur noch die skythischen Bürger übrig, die sich den Medern anschlossen, und gemeinsam gelang es ihnen, Ninive einzunehmen. Mit dem Sieg über die Skythen erlangte Kyaxares die Vorherrschaft über die mächtigen skythischen und sakanischen Stämme, die über den nördlichen Iran und Zentralasien verstreut waren.

In der Zwischenzeit griff König Nabupolassar von Babylon die assyrischen Garnisonen in Südmesopotamien an, vertrieb die Assyrer und erlangte die Kontrolle über ganz Babylonien. Als Nächstes gelang es ihm, in das assyrische Gebiet entlang des Euphrats in Syrien einzudringen, obwohl der ägyptische Pharao den Assyrern zu Hilfe kam. Der dritte Schritt in Nabupolassars Strategie zur Auslöschung Assyriens bestand darin, sich mit König Kyaxares von Medien zu verbünden, der die Perser und Skythen mitbrachte. Nabupolassar arrangierte die Heirat seines Sohnes, des Kronprinzen Nebukadnezar II, mit Prinzessin Amytis, der Tochter von Kyaxares. Angeblich ließ Nebukadnezar später die berühmten hängenden Gärten Babylons anlegen, um seiner Braut zu gefallen, die die Berge und das Grün Mediens vermisste.

Die Meder hatten über ein Jahrhundert lang die Brutalität der Assyrer erdulden müssen, nun drehten sie den Spieß um. König Kyaxares griff Assyriens heilige Stadt Assur im Jahr 615 v. u. Z. brutal an. Nabupolassar und seine babylonischen Truppen kamen zu spät, nachdem die Meder und Skythen die Stadt eingenommen hatten. Er fand sie dabei vor, wie sie einen Großteil der Zivilbevölkerung massakrierten und die atemberaubenden Tempel zerstörten. Obwohl er sich freute, dass seine

Verbündeten die antike Stadt erobert hatten, war Nabupolassar entsetzt über die Verwüstung der heiligen Stätten. Er ließ sein Haar ungekämmt und schlief auf dem Boden, um den Göttern seine Trauer über die Schändung zu signalisieren.

Die grausame Niederlage war der Beginn des endgültigen Niedergangs der Assyrer. Laut Ktesias überredete der chaldäische Priester Belesys, ein Experte für Wahrsagerei, die Meder dazu, eine gewaltige Koalitionsstreitmacht aus Medern, Persern, Babyloniern, Skythen und Kimmerern zu bilden. Seine Weissagungen versprachen den Erfolg, das assyrische Reich vollständig zu vernichten. Kyros I., der Großvater von Kyros dem Großen, führte wahrscheinlich die persischen Truppen an.

Die verblüffende Allianz von 400.000 Kriegern fiel 612 v. u. Z. über Assyrien her. Trotz ihrer überwältigenden Zahl marschierten die kampferprobten Assyrer ihnen an den Ufern des Euphrats entgegen und besiegten die Koalitionstruppen. Als alle Hoffnung verloren schien, schlossen sich die Baktrier aus dem Ostiran dem babylonisch-iranischen Bündnis an. Die Assyrer wussten nichts von dieser Entwicklung, da sie ihren Sieg feierten. Als sie betrunken waren, begann die Koalition einen Überraschungsangriff. In der Schlacht wurden so viele Assyrer getötet, dass der Euphrat rot vor Blut war.

Die überlebenden Assyrer zogen sich nach Ninive zurück, der zu dieser Zeit größten Stadt der Welt. Ihre dicken und uneinnehmbaren Mauern bestanden aus sechs Metern dickem Stein, gekrönt von zehn Metern Ziegeln. Die Koalitionstruppen umstellten die Stadt, doch sie verfügten nicht über die Belagerungstechnik der Assyrer und konnten die Mauern nicht durchdringen. Doch dann geschah es! Ein langanhaltender, sintflutartiger Regen führte dazu, dass der Tigris Ninive überschwemmte, das Fundament auswusch und einen Mauerabschnitt zerstörte.

„Die Flusstore werden aufgerissen und der Palast stürzt ein."[6]

Die vereinten Streitkräfte stürmten die Stadt und plünderten den Palast und die Tempel mit ihren unvorstellbaren Schätzen. Der assyrische König beging Selbstmord, als Ninive in Rauch aufging. In den Augen der Meder und Perser war die böse Schlange Azhi Dahaka nicht mehr.

---

[6] Nahum 2:6, Tanakh: Navi: Book of Nahum.

„Die Schilde blinken rot im Sonnenlicht!
Seht die scharlachroten Uniformen der tapferen Truppen!
Seht, wie ihre glitzernden Streitwagen in Position gehen,
Ein Wald von Speeren weht über ihnen.
Die Wagen rasen rücksichtslos durch die Straßen
und wild über die Plätze.
Sie blitzen wie Feuerschein
und bewegen sich so schnell wie der Blitz...
Plündert das Silber! Plündert das Gold!
Ninives Schätze sind unermesslich.
Sein ungeheurer, ungezählter Reichtum.
Bald ist die Stadt geplündert, leer und ruiniert.
Herzen schmelzen, und Knie zittern.
Die Menschen stehen fassungslos da,
ihre Gesichter bleich und zitternd.
Wo ist nun das große Ninive,
diese Höhle voller junger Löwen?" [7]

Der Machtzuwachs der Meder führte zur Expansion und ihrer Vorherrschaft über den gesamten Iran, einschließlich der Perser. Babylonien beanspruchte den größten Teil des ehemaligen assyrischen Kernlandes mit Ausnahme der nördlichsten Region, die die Meder einnahmen. Die Meder dehnten ihre Macht nach Norden bis zum türkischen Fluss Halys in das Königreich Armenien und nach Westen bis zum Schwarzen Meer aus und eroberten Kappadokien. Sie schlossen auch starke Bündnisse im Osten bis nach Zentralasien. Mehrere Jahrzehnte später erneuerten die Meder und Perser ihren Vertrag und besiegelten ihn mit einer königlichen Heirat. Der Sohn von König Kyros I., Kambyses von Persien, heiratete Mandane, die Tochter des medischen Königs Astyages und Enkelin von Kyaxares. Medien blieb das dominierende Königreich, Persien war sein Vasall.

---

[7] Nahum 2:3-4, 9-11, Tanakh: Navi: Book of Nahum.

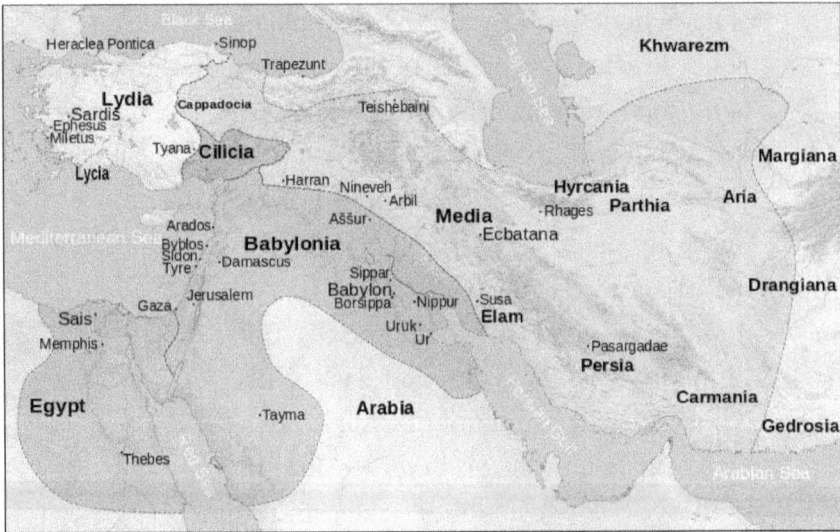

Die Meder herrschten von Ekbatana aus über ein Reich, das sich von Kappadokien am Schwarzen Meer bis nach Karmanien am Arabischen Meer erstreckte.

Um 600 v. u. Z. brachten Kambyses und Mandane Kyros II. (Kyros den Großen) zur Welt. Als Herodot über die Kindheit von Kyros II. schrieb, wählte er angeblich eine von mehreren Geschichten aus. In der Geschichte, die Herodot aufzeichnete, träumte König Astyages, dass sein Enkel Kyros (bei der Geburt Agradates genannt) ihn stürzen würde. Seine Astrologen rieten ihm, dass die einzige Möglichkeit, dies zu verhindern, darin bestünde, den Säugling zu töten. Astyages rief seine Tochter Mandane aus Persien zurück nach Ekbatana und befahl seinem General Harpagus, das Baby zu stehlen, während Mandane abgelenkt war, und es zu töten.

Harpagus stahl das Baby, konnte sich aber nicht dazu durchringen, dem unschuldigen Säugling etwas anzutun, und übergab es dem Kuhhirten Mithradates mit dem Auftrag, das Kind in der Wüste auszusetzen. Stattdessen gab Mithradates das Kind seiner Frau und wickelte seinen totgeborenen Sohn in die Windeln des königlichen Babys. Einige Tage später übergab er den toten Säugling an Harpagus, um zu beweisen, dass er ihn dem Tod überlassen hatte.

Als Kyros zehn Jahre alt war, entdeckte Astyages seine Identität. Um Harpagus dafür zu bestrafen, dass er seine Befehle nicht befolgt hatte, tötete Astyages den Sohn des Harpagus, schnitt ihn in Stücke, kochte ihn und servierte seinen Körper Harpagus bei einem Festmahl. Seine Astrologen berichteten, dass Kyros keine Gefahr mehr darstellte, und so gab Astyages seinen Enkel Kyros an seine wahren Eltern, den König und die Königin von Persien, zurück.

Xenophon berichtete, dass er junge Kyros es bei seinem Besuch am Hofe seines Großvaters seltsam fand, dass Astyages Kajal um die Augen, Rouge, eine Perücke, ein purpurnes Gewand und Armbänder trug. Sie aßen an einem Tisch, der mit mehreren Tellern mit verschiedenen Köstlichkeiten gedeckt war. Die Perser kleideten sich schlicht, aßen einfach und führten einen relativ strengen Lebensstil. Aber Kyros ließ sich von seinem Großvater gerne mit Armbändern, Halsketten und einem eleganten Gewand schmücken und ließ sich ein Pferd mit einem goldbesetzten Zaumzeug schenken.

Als er nach Persien zurückkehrte, verteilte Kyros seine Schätze unter seinen Freunden. Später tadelte Astyages ihn dafür, dass er die Geschenke verschenkt hatte, aber der egalitäre Kyros erwiderte, dass dies die einzige Möglichkeit sei, wie er seinen Kopf aufrecht tragen konnte. Als Kyros ins Teenageralter kam, erlernte er unter Astyages' Anleitung die Kunst des Krieges. Der griechische Historiker Dinon aus dem 4. Jahrhundert und der griechische Dichter Ibykos (ein Zeitgenosse von Kyros) berichten, dass Kyros als General im Militär seines Großvaters diente.

Kyros bestieg den persischen Thron 559 v. u. Z. mit dem Titel „König von Anschan", als sein Vater starb, und nahm den Thronnamen Kyros II. an, um seinen Großvater väterlicherseits zu ehren. In persischen Erzählungen wird Kyros als gutaussehend, großzügig, respektvoll, idealistisch, höflich, lernbegierig und zuvorkommend beschrieben. Er besaß auch einen ungezügelten Ehrgeiz, war eigensinnig und wollte sich rächen, wenn er verraten wurde. Plutarch sagte, er habe eine „Habichtsnase" gehabt, was die Perser als attraktiv empfanden, und Herodot berichtete, sein Blick sei beunruhigend und stechend gewesen.

Kyros heiratete seine geliebte Verwandte Kassandane, die ebenfalls aus der persischen Familie der Achämeniden stammte. Sie waren glücklich verheiratet und hatten mindestens vier gemeinsame Kinder. Ihre Tochter Atossa heiratete später Dareios den Großen. Kassandane starb 538 v. u. Z., gerade als Kyros Babylonien belagerte, und sagte, es sei bitterer, Kyros' Seite zu verlassen, als die Erde zu verlassen. Die Nabonid-Chroniken berichten, dass der untröstliche Kyros im ganzen Reich sechs Trauertage für seine geliebte Frau anordnete.[8]

Laut den Nabonid-Chroniken (die hauptsächlich eine Geschichte des letzten babylonischen Königs waren) brach ein Konflikt zwischen Kyros und seinem Großvater Astyages aus, der noch immer über das medische Königreich herrschte. Obwohl die Perser die medische Oberherrschaft anerkannten, hatten sie stets lokale Autonomie genossen. Sie mussten lediglich Tribut zahlen und Männer für den Militärdienst stellen, die sich an der Kriegsbeute bereichern konnten. Jetzt waren Astyages' Spione überall. Er errichtete Kontrollpunkte zwischen Medien und Persien und enteignete die Bauern Persiens, um seine Felder zu bestellen.

Selbst die Meder waren über die zunehmend despotischen Reformen des Astyages bestürzt und verschworen sich mit Kyros und seinen verärgerten Häuptlingen. Herodot schrieb, dass Astyages' General Harpagus aus Rache für die Ermordung seines Sohnes an Kyros schrieb und ihn daran erinnerte, wie er sein Leben als Säugling verschont hatte. „Mir verdankst du deine Befreiung. Tu, was ich dir rate, und das Reich des Astyages wird dein sein. Überrede die Perser, sich aufzulehnen und gegen die Meder zu ziehen. Wir werden Astyages verlassen und auf deine Seite wechseln."

Als Kyros sich gegen seinen Großvater auflehnte, sammelte König Astyages seine Armee und marschierte gegen Kyros, um Anschan, die Hauptstadt Persiens, zu erobern. Zu seiner Überraschung revoltierte Astyages' Armee, nahm ihn gefangen und übergab ihn an Kyros. Kyros marschierte daraufhin nach Ekbatana, der Königsstadt der Meder, plünderte deren Silber, Gold und andere wertvolle Güter und brachte sie als Beute in seine Hauptstadt Anschan zurück. Astyages' Traum, oder vielmehr Albtraum, war wahr geworden: Sein Enkel Kyros stürzte sein Reich. Dennoch behandelte Kyros seinen Großvater freundlich. Herodot berichtet, dass Astyages mit Kyros in dessen Palast lebte, und Ktesias berichtet, dass Kyros Astyages zum Statthalter von Parthien ernannte.

---

[8] *The Chronicle Concerning the Reign of Nabonidus (ABC 7)*, Livius, 2020.
https://www.livius.org/sources/content/mesopotamian-chronicles-content/abc-7-nabonidus-chronicle/.

Ein goldenes Rhyton oder Trinkgefäß wie dieses aus Ekbatana in Form eines Widderkopfes könnte zu den Beutestücken des Kyros gehört haben.

Die Quellen sind sich uneinig darüber, ob Kyros nach der Absetzung seines Großvaters sofort König der Meder wurde oder erst später. Laut Herodot herrschte Kyros nach der Eroberung von Ekbatana sowohl über die Meder als auch über die Perser. Xenophon berichtet, dass Kyaxares II., der Sohn von Astyages, die Meder in einem Bündnis mit seinem Neffen Kyros bis zum Fall Babylons führte. Zu diesem Zeitpunkt gab Kyaxares II. seine Tochter Kyros zur Frau, mit dem medischen Königreich als Mitgift, und Kyros schenkte seinem Onkel einen Palast in Babylon[9] (und offenbar das Königtum über Babylonien).[10] Der griechische Tragödiendichter Aischylos und die Inschriften auf den Stelen von Harran und den Reliefs von Persepolis stützen Xenophons Darstellung. Kyaxares II. könnte der Thronname von Dareios dem Meder gewesen sein. Der Historiker Josephus nannte ihn Dareios und identifizierte ihn als Cousin von Kyros und zweiundsechzigjährigen Sohn von Astyages.

Nach dem Fall von Ekbatana hatte Kyros wahrscheinlich die Oberherrschaft über die Meder inne, wobei Kyaxares II./Dareios als medischer König fungierte, so wie zuvor die Meder Persien beherrscht

---

[9] Xenophon, *Cyropaedia: The Education of Cyrus*, (8.5.19) trans. Henry Graham Dakyns (Project Gutenberg eBook). https://www.gutenberg.org/files/2085/2085-h/2085-h.htm.

[10] Daniel 5:31, 6:1-2, Tanakh: Ketuvim: Book of Daniel.

hatten. Die Perser herrschten nun über den gesamten Irak und das heutige Tadschikistan, Usbekistan, Armenien und Nordmesopotamien. Das neue Reich von Kyros dem Großen war im Entstehen begriffen.

Kapitel 3: Kyros der Große

König Nabonid von Babylonien schien nicht aus seiner Trägheit ausbrechen zu können. Er hatte den Staatsstreich seines Sohnes Belsazar gegen König Labaschi-Marduk unterstützt, aber die Aktion war gehörig fehlgeschlagen. Irgendwie hatten seine Mitverschwörer ihn – Nabonid – auf den Thron gesetzt. Nach einer Reihe von Umsturzversuchen schien niemand mehr da zu sein, der genügend königliche Abstammung besaß, und er war der Enkel des letzten assyrischen Königs. Aber er war als Priester ausgebildet worden, was wusste er schon über die Regierung eines Reiches? Er konnte nicht einmal seinen Wunsch erfüllen, das System des Gottesdienstes in Babylon zu ändern. Babylons Priester und sogar sein Sohn Belsazar hatten sich seinen religiösen Reformen standhaft widersetzt.

Nabonid begab sich auf einen militärischen Feldzug in Arabien und blieb zehn Jahre lang in der Wüste. Da er psychisch krank war, hatte Nabonid die Führung des Babylonischen Reiches an seinen Sohn und Regenten Belsazar übergeben.[11] Der bejahrte König schien sich der verhängnisvollen Bedrohung durch das wachsende Achämenidenreich Kyros' des Großen nicht bewusst, das sich schon bald den Mittleren Osten einverleiben sollte und wie eine dunkle Wolke über Babylon schwebte. Während Nabonid in Arabien vor sich hin grübelte, eroberte Kyros die Gebiete um Babylon, bevor er sich gegen Babylon selbst wandte. Ein Reich sollte niedergehen, ein anderes aufgehen.

---

[11] Paul-Alain Beaulieu, „Nabonidus the Mad King," in *Representations of Political Power*, ed. Marlies Heinz and Marian H. Feldman (Winona Lake: Eisenbrauns, 2007), 137-167.

Mittlerweile erwies sich König Krösus von Lydien, von dem wir den Begriff „reich wie Krösus" haben, nicht nur als reich, sondern auch als hinterlistig. Seine Vorfahren hatten zwei Jahrhunderte zuvor das gesamte westliche Anatolien (in der Westtürkei) regiert, von den Ruinen des antiken Troja im Nordwesten bis zum Taurusgebirge im Osten. Aber die Griechen, Skythen und Kimmerer bemächtigten sich einiger Gebiete in Lydiens Küstenregionen. Dann drängten die Meder, die mit ihren Verbündeten Assyrien vernichtet hatten, nach Westen und eroberten Kappadokien.

Die medische Armee hatte jedoch ihren König, Astyages, an die Perser verraten. Krösus strich sich über den Bart und nickte. Die Zeit war reif, um Anatolien zurückzuerobern! Mit den richtigen Verbündeten konnte er Kappadokien einnehmen. Aber welche Verbündeten? Er schickte seinen Botschafter zum Orakel von Delphi nach Griechenland. Die Priesterin saß auf ihrem Hocker über einer Spalte und Dämpfe stiegen aus dem verfallenden Körper der mythischen Python auf und versetzten sie in Trance. Sie prophezeite, dass, wenn Krösus gegen die Perser kämpfte, er ein großes Reich zerschlagen würde. Sie empfahl auch, sich mit dem griechischen Staat Sparta zu verbünden, was Krösus tat, nachdem er bereits Bündnisse mit Ägypten und Babylonien geschlossen hatte.

Krösus führte seine lydischen Streitkräfte nach Kappadokien, eroberte die medische Stadt Pteria und verkaufte deren Bürger in die Sklaverei. Aber er hatte nicht vorausgesehen, dass Kyros die lydische Invasion medischen Territoriums als Affront seiner medischen Verwandten mütterlicherseits betrachtete. Das gab Kyros seinerseits einen Grund, sein Reich nach Anatolien auszudehnen. Seine medisch-persischen Truppen marschierten nach Kappadokien.

Die erste Phase des Krieges zwischen Lydien und Persien endete ohne Entscheidung. Schließlich wurde es für die Truppen Zeit, ihre traditionelle Winterpause einzulegen. Krösus erwartete, dass Kyros nach Hause nach Persien ziehen würde, also zog er sich in seine Hügelfestung Sardes zurück und forderte seine Verbündeten in Griechenland, Ägypten und Babylonien auf, ihm im Frühjahr zu Hilfe zu kommen. Aber Kyros zog sich keineswegs zurück! Krösus hörte einen Tumult, stieg auf die Befestigungsmauern und sah mit Schrecken, dass sich Kyros im Anmarsch befand. Seine Armee war blitzschnell von Kappadokien bis zu seiner Hauptstadt marschiert! Keiner seiner Verbündeten war bisher angekommen. Krösus musterte rasch seine lydischen Truppen und marschierte vor die Stadt, um sich mit seinen 420.00 Männern Kyros'

196.000 Soldaten zu stellen.

Die persischen Dromedare versetzten die lydische Kavallerie in Panik.
https://commons.wikimedia.org/wiki/File:Defeat_of_Croesus_546_BCE.jpg

Dann empfahl Kyros' medischer General Harpagus den Gnadenstoß: sie stellten ihre 300 Dromedare in die vorderste Linie! Dies waren keine Kriegskamele, sondern Packtiere, aber die lydischen Pferde hatten noch nie solch enorme Kreaturen gesehen. Verschreckt durch den stechenden Geruch der Kamele, galoppierten die Pferde vom Schlachtfeld. Die Lydier zogen sich in die Stadt zurück, aber Kyros verfügte über ein halbes Dutzend mobiler Belagerungstürme. Jeder trug zwanzig Männer und war hoch genug, so dass diese Pfeile über die Mauern Sardes' schießen konnten. Innerhalb von zwei Wochen fiel Sardes.

Cyrus forderte ein riesiges Freudenfeuer, um Krösus hinzurichten. Doch als der Rauch anfing aufzusteigen, bewegte die Würde des lydischen Königs Kyros. Er befahl, das Feuer zu löschen, aber die Flammen kletterten bereits zu hoch. Plötzlich öffnete sich der Himmel. Ein willkommener Regensturm löschte das Feuer und Krösus wurde gerettet. Seine ersten Worte an Kyros waren: „Ihr solltet eure Soldaten davon abhalten, Sardes zu verbrennen und zu plündern!"

„Warum?"

„Weil du mich besiegt hast. Die Stadt gehört dir! Warum sollten deine Männer sie zerstören?"

Kyros lachte und entschied sich, Krösus als Berater bei sich zu behalten.

Lydien war die Pufferzone für die zwölf griechischen Kolonien in Ionien am Ägäischen Meer. Damals lebten über 40 Prozent der Griechen außerhalb des heutigen Griechenlands in den fünfhundert griechischen Kolonien rund um das Mittelmeer und das Schwarze Meer. Sie blieben durch Handel und Kultur eng mit dem Mutterland verbunden, hatten aber unabhängige Regierungen. General Harpagus eroberte die ionischen griechischen Staaten in kürzester Zeit und versetzte die griechische Welt in Staunen. Die Ionier behielten jedoch ein gewisses Maß an lokaler Autonomie, solange sie Tribut zahlten und Männer zum Kampf in der persischen Armee stellten.

Während Harpagus Ionien überwältigte, machte sich Kyros auf den Weg nach Osten, um die sogdischen Nomaden im heutigen Usbekistan zu erobern, die Persien für die nächsten 150 Jahre einen Tribut in Form von Halbedelsteinen zahlten. Sein nächstes Ziel war Phönizien an der Mittelmeerküste. Die antiken Städte Byblos, Sidon, Tripolis und Tyros kapitulierten pragmatisch, anstatt zu kämpfen. Ihre Strategie zahlte sich aus: Sie mussten nur ihren Anteil von 350 Talenten pro Jahr zahlen, ebenso wie Israel, Zypern und Syrien. Das Know-how der Phönizier im

Schiffsbau und ihre Seestrategien brachten dem Achämenidenreich in den kommenden Seekriegen gegen Ägypten und Griechenland enorme Vorteile.

Die Eroberung von Phönizien durch Kyros rüttelte den babylonischen König Nabonid aus seiner Trägheit auf. Er hatte mit den Schultern gezuckt, als Kyros andere Länder eroberte, aber Tyros gehörte ihm! Einige Jahrzehnte zuvor hatte der babylonische Großkönig Nebukadnezar II. Tyros nach dreizehnjähriger Belagerung erobert. Nach einem zehnjährigen Exil kehrte Nabonid nach Babylon zurück, was bedeutete, dass seine Bürger wieder ihre Feste feiern konnten, was unter dem Regenten Belsazar nicht möglich gewesen war.

Kyros' nächster Schritt war die Eroberung der elamitischen Hauptstadt Susa, einer der ältesten Städte der Welt. Radiokarbondatierungen deuten darauf hin, dass Susa um 4395 v. u. Z. von einer neolithischen Kultur gegründet wurde, die den Elamitern um mehr als ein Jahrtausend vorausging. In der frühen Bronzezeit herrschten die Sumerer über Susa, dann übernahmen die Akkader die Herrschaft. Die Elamiter nahmen Susa 2004 v. u. Z. ein und machten es für fast 1.500 Jahre zu ihrer Hauptstadt. Kyros der Große eroberte Susa im Jahr 539 v. u. Z. und machte es zur Hauptstadt des persisch-achämenidischen Reiches.

Von Susa aus drangen Kyros und sein Heer in den Norden Babyloniens vor. König Nabonid zog nach Norden, um die Städte Sippar am Euphrat und Opis am Tigris zu verteidigen. Die Städte bewachten die beiden Enden der medischen Mauer, die Nebukadnezar II. errichtet hatte, um die Meder davon abzuhalten, Babylonien von Norden her anzugreifen. Die beiden Flüsse bildeten eine natürliche Barriere im Osten und Westen von Babylonien, ebenso wie der Persische Golf im Süden.

Kyros marschierte mit seinem scharfsinnigen General Gubaru in Richtung Babylonien, dessen neuartige Taktik den Sieg für die medisch-persischen Streitkräfte bedeutete. Im September 539 v. u. Z. erreichte Kyros den Tigris, als dieser auf seinem niedrigsten Stand war. Seine Truppen überrannten Opis, töteten die Bürger und häuften große Schätze an. In der Zwischenzeit waren Kyros' Ingenieure damit beschäftigt, den Tigris in Bewässerungskanäle umzuleiten und den Wasserstand so weit abzusenken, dass seine Männer auf der Südseite der Mauer hindurchwaten konnten.

Als Opis fiel, gab es niemanden mehr, der die Mauer oder den Fluss bewachen konnte. Die Perser waren in Babylonien! Zu diesem Zeitpunkt teilte Kyros seine Armee in zwei Kontingente auf. Er führte die Hälfte seiner Männer nach Westen, um Sippar anzugreifen, und schickte General Gubaru nach Süden, um Babylon anzugreifen. Die Einwohner von Sippar ergaben sich kampflos, und König Nabonid floh.

In Babylon feierten die Bürger derweil fröhlich ihr Fest zu Ehren des Mondgottes, wozu sie seit einem Jahrzehnt nicht mehr in der Lage gewesen waren.[12] Es hatte sich noch nicht herumgesprochen, dass Kyros Opis eingenommen und den Tigris überquert hatte. Sie hatten keine Ahnung, dass die Hälfte von Kyros' Armee auf dem Weg zu ihnen war! Der Mitregent Belsazar feierte gerade mit tausend seiner Adligen ein großes Festmahl. Doch dann blickte er auf und sah den erschreckenden Anblick einer geisterhaften Hand, die etwas an die Wand schrieb!

Keiner seiner Astrologen konnte die Schrift lesen, aber die Königinmutter stürmte herein, als sie den Aufruhr hörte. Sie befahl Belsazar, den Seher Beltesazar (Daniel) zu rufen, der ein Berater Nebukadnezars gewesen war. Der greise Daniel betrat den Festsaal, las die Schrift an der Wand und deutete sie. „Deine Tage sind gezählt. Du wurdest in der Waage gewogen und für unzulänglich befunden. Dein Reich wird geteilt und an die Meder und Perser übergeben."[13]

Während Daniel sprach, versammelten sich die Meder und Perser auf der anderen Seite des Euphrat. Die Babylonier feierten auf den Straßen das Fest der Sünde (des Mondgottes) und bemerkten ihre Anwesenheit nicht. Wieder einmal leiteten die Ingenieure von General Gubaru den Fluss in nahe gelegene Kanäle um und ließen ihn so weit absinken, dass man hindurchwaten konnte. Die betrunkenen Schreie der feiernden Babylonier übertönten den Lärm von Gubarus Truppen, die das Enlil-Tor aufbrachen.

In Babylon angekommen, töteten die Perser jeden, der versuchte, sich ihnen entgegenzustellen. Einige Leute schlugen Alarm, aber die Perser stießen laute, betrunken klingende Rufe aus, die die Warnungen übertönten. Die meisten Bürger hatten keine Ahnung, dass ihre Stadt angegriffen wurde. Die Perser eilten die Prozessionsstraße hinunter, den direktesten Weg zum Zentrum der Stadt, wo sich der Palast befand.

Außerhalb der verschlossenen Palasttore entspannten sich die Wachen und tranken an einem lodernden Feuer. Die Perser schlugen sie nieder

---

[12] *The Reign of Nabonidus (ABC 7)*.

[13] Daniel 5, Tanakh: Ketuvim: Book of Daniel.

und erregten so die Aufmerksamkeit im Inneren des Palastes. Belsazar, der Regent, schickte mehrere Männer aus, um zu sehen, was vor den Palasttoren geschah. Sobald sie die Tore öffneten, drangen die Perser mit Gewalt ein und stürmten in den Festsaal, wo sie Belsazar mit seinem Krummsäbel in der Hand und umgeben von seinen Adligen vorfanden. Die Babylonier waren zu betrunken, um sich gut verteidigen zu können. Außerdem waren sie zahlenmäßig weit unterlegen. Die persischen Truppen schlugen Belsazar und alle babylonischen Adligen nieder.[14]

Zwei Wochen später hielt Kyros seinen großen Einzug in Babylon. Die Stadttore wurden von den Bürgern Babylons aufgestoßen, die erleichtert waren, dass Kyros' Militär den Heiligtümern der Stadt bereits Ehrerbietung erwiesen hatte. Kyros nahm den Titel „König von Babylon, Sumer und Akkad, König der vier Ecken der Erde" an und marschierte pflichtbewusst zum Marduk-Tempel, um den Schutzgott der Stadt zu verehren. Mit seiner Verehrung für Marduk gewann er die Herzen der Babylonier. Sie ärgerten sich über ihren König Nabonid, der versucht hatte, Marduk durch Sin als Oberhaupt der Götter zu ersetzen.

Kyros II. baute sein bescheidenes Königreich zu einem Großreich aus.
DiegoColle, CC BY-SA 4.0 <https://creativecommons.org/licenses/by-sa/4.0>, via Wikimedia Commons; https://commons.wikimedia.org/wiki/File:Cyrus_the_Great_of_Persia.jpg

---

[14] Xenophon, *Cyropaedia: The Education of Cyrus,* trans. Henry Graham Dakyns. (Project Gutenberg E-book). https://www.gutenberg.org/files/2085/2085-h/2085-h.htm.

Die Perser töteten Belsazar, aber was war mit seinem Vater, König Nabonid? In der Nabonid-Chronik heißt es, dass die Perser Nabonid gefangen nahmen, Kyros aber Gnade walten ließ und ihn als Statthalter in die iranische Provinz Karmanien schickte. Dem Buch Daniel zufolge regierte Dareios der Meder (wahrscheinlich Kyaxares II.) kurzzeitig als König von Babylonien und ernannte Satrapen oder Statthalter für die 120 Provinzen Babyloniens.[15] Der babylonische Historiker Berossos und der römische Lexikograph Valerius Harpocration erwähnen einen Dareios, der in dieser Zeit regierte.

Im ersten Jahr der Herrschaft von Kyros erlaubte er den Medern, Syrern, Juden und anderen Bevölkerungsgruppen, die von früheren babylonischen und assyrischen Herrschern umgesiedelt worden waren, in ihre Heimat zurückzukehren. Viele Exilanten hatten nun hochrangige Positionen inne, die sie auch unter Kyros behielten, und blieben in Babylon. Zu ihnen gehörte der Seher Daniel, der Kyros möglicherweise die Prophezeiungen des Jesaja zeigte, die vor Kyros' Geburt geschrieben worden waren:

> „So spricht der HERR zu seinem Gesalbten, zu Kyros, den ich bei seiner rechten Hand ergriff, dass ich Völker vor ihm unterwerfe und Königen das Schwert abgürte, damit vor ihm Türen geöffnet werden und Tore nicht verschlossen bleiben: ‚Ich will vor dir hergehen und das Bergland eben machen, ich will die ehernen Türen zerschlagen und die eisernen Riegel zerbrechen und will dir heimliche Schätze geben und verborgene Kleinode, damit du erkennst, dass ich der HERR bin, der dich beim Namen ruft, der Gott Israels.‘ "[16]

„Als Kyros dies las und die göttliche Macht bewunderte, überkam ihn der ernste Wunsch und der Ehrgeiz, das Geschriebene zu erfüllen", schrieb Josephus.[17]

Kyros verkündete diese Botschaft, wie Esra, der Schreiber, berichtet:

> „Was das Haus Gottes in Jerusalem betrifft, so soll der Tempel, in dem geopfert wird, wiederaufgebaut werden. Seine Fundamente sollen erhalten bleiben, seine Höhe soll sechzig Ellen und seine Breite sechzig Ellen betragen, mit drei Lagen großer Steine und

[15] Daniel 5:30 – 6:3, Tanakh: Ketuvim: Book of Daniel.
[16] Isaiah 45, Tanakh, Nevi'im, Yeshayahu.
[17] Flavius Josephus, *Antiquities of the Jews*, Book XI, Chapter 1.

einer Lage Balken. Und die Kosten sollen aus der königlichen Schatzkammer bezahlt werden. Auch die goldenen und silbernen Geräte des Hauses Gottes, die Nebukadnezar aus dem Tempel in Jerusalem genommen und nach Babel gebracht hat, sollen wieder an ihren Platz im Tempel in Jerusalem gebracht werden. Du sollst sie in das Haus Gottes stellen."[18]

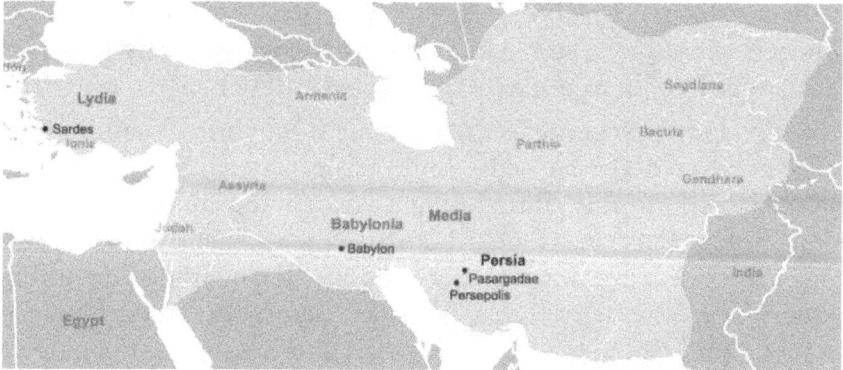

Das Reich des Kyros reichte von der Ägäis bis zum indischen Subkontinent.
SG at the English-language Wikipedia, CC BY-SA 3.0 <http://creativecommons.org/licenses/by-sa/3.0/>, via Wikimedia Commons; https://commons.wikimedia.org/wiki/File:Persia-Cyrus2-World3.png

Als Kyros siebzig Jahre alt war, erstreckte sich das riesige Achämenidenreich vom Mittelmeer bis nach Afghanistan. Er war unermüdlich und konzentrierte sich auf die ausgedehnten Steppen Zentralasiens. Kyros ernannte seinen Sohn Kambyses II. zu seinem Mitregenten und zum König von Babylonien und behielt die Herrschaft über den Rest des Reiches, bevor er sich nach Nordosten aufmachte, um gegen die Skythen und Massagetaer vorzugehen.

Die Skythen waren entfernte Verwandte der Meder und Perser und sprachen eine Variante der indo-iranischen Sprache. Sie hatten einst die Herrschaft über die Meder ausgeübt, bis der große medische König Kyaxares ihre Anführer massakrierte und sie unterwarf. Die Skythen hatten sich mit den Medern, Persern und Babyloniern verbündet, als sie den katastrophalen Untergang Assyriens rücksichtslos herbeiführten. Diese ungezähmten nomadischen Raubzüge bedrohten jedoch die Städte und Bauerngemeinschaften des Achämenidenreiches.

Die Massageten waren ein Zweig der Skythen. Laut Herodot lebten diese geschickten Reiter und umherziehenden Nomaden nördlich des

---

[18] Ezra 6. Tanakh: Ketuvim, Book of Ezra.

Flusses Araxes, der vom Berg Ararat ins Kaspische Meer fließt. Sie warfen Hanfsamen auf ihre Lagerfeuer, und der Rauch machte sie „betrunken", so dass sie aufsprangen und tanzten und sangen. Gold und Messing waren in ihrem Land reichlich vorhanden, was sie für ihre Waffen und Rüstungen nutzten. Wenn die Massageten alt wurden, opferten ihre Familien sie zusammen mit einigen Rindern, was sie als einen ehrenvollen Tod betrachteten. In ihren Augen war das Menschenopfer einem natürlichen Tod für ältere Menschen vorzuziehen, da schwache oder kranke Menschen ihren nomadischen Lebensstil behindern würden.

Königin Tomyris herrschte nach dem Tod ihres Mannes über die Massageten. Kyros glaubte, dass seine beste Chance, die Massageten zu erobern, darin bestünde, ihre Königin zu heiraten, und so versuchte er, ihr den Hof zu machen. Doch Tomyris durchschaute seine Täuschung und wies seine Annäherungsversuche zurück. Kyros wählte daraufhin den direkten Weg, indem er seine Truppen sammelte, zum Fluss Araxes marschierte und Boote baute, um seine Belagerungstürme überzusetzen.

Königin Tomyris schickte ihren Gesandten zu ihm, der ihm ihre Botschaft überbrachte. „König der Meder, wie kann das für Euch von echtem Vorteil sein? Begnügt Euch damit, Euer eigenes Reich in Frieden zu regieren, und lasst mich mein Land regieren. Wenn nicht, dann zieht Euch drei Tagesmärsche vom Flussufer zurück, und meine Soldaten werden Euch dort treffen."

Kyros besprach ihr Angebot mit seinem Kriegsrat, und die persischen Oberhäupter stimmten dafür, dass Königin Tomyris ihnen auf der persischen Seite begegnete. Aber Krösus, der frühere König von Lydien und jetzt Kyros' Berater, protestierte heftig:

> „Mein König! Ich kann nicht zustimmen! Wenn wir diese Schlacht verlieren, werden die Massageten in Euer Reich vordringen! Und wenn Ihr gewinnt, müsst Ihr immer noch den Fluss überqueren, bevor ihr euren Sieg einholen könnt. Und wenn Ihr drei Tagesmärsche zurückweicht, gebt Ihr einer Frau nach! Ich schlage vor, wir überqueren den Fluss und bereiten dann ein großes Festmahl mit gebratenem Lamm und viel Wein vor. Die Massageten sind es nicht gewohnt, Wein zu trinken. Wir geben unser Lager bis auf die schwächsten Truppen auf und überlassen es den Massageten, es einzunehmen, das Essen zu essen und den Wein zu trinken. Wenn sie betrunken sind, werden wir angreifen!"

Kyros befolgte den Rat des Krösus, und die Perser schlachteten die betrunkenen Massageten ab und nahmen Spargapises, den Sohn von Tomyris, gefangen. Die verzweifelte Tomyris wandte sich an Kyros: „Du blutrünstiger Kyros! Dein giftiger Traubensaft hat mein Kind umgarnt. Es war kein fairer Kampf! Gib mir meinen Sohn zurück und verlasse mein Land. Sonst wirst du in einem Blutbad sterben."

Doch sobald die Perser Spargapises aushändigten, beging er Selbstmord. Die zornige Königin Tomyris führte ihre Truppen in der „härtesten aller Schlachten" gegen die Perser. Nach einer langwierigen Schlacht siegten die rachsüchtigen Massageten, vernichteten den größten Teil des persischen Heeres und töteten Kyros. Tomyris tauchte Kyros' abgetrennten Kopf in einen Beutel mit Menschenblut und sagte: „Ich habe versprochen, dass du in einem Blutbad sterben würdest."[19]

Das Grab von Kyros befindet sich in Pasargadae in der iranischen Provinz Fars, dem Kernland Persiens.
Bockomet, CC BY-SA 4.0 <https://creativecommons.org/licenses/by-sa/4.0>, via Wikimedia Commons; https://commons.wikimedia.org/wiki/File:Cyrus_the_Great_Tomb.jpg

Als Kyros 530 v. u. Z. starb, hinterließ er ein riesiges Reich mit einer effizienten Zentralregierung und Provinzen, die von Satrapen (Statthaltern) regiert wurden. Unter der persischen Herrschaft erlebte Babylon eine Renaissance mathematischer und wissenschaftlicher

---

[19] Herodotus, *The Histories, Book One*, trans. George Rawlinson (New York: Dutton & Co, 1862). http://classics.mit.edu/Herodotus/history.1.i.html.

Errungenschaften. Kyros gewann den Respekt der eroberten Kulturen, indem er ihre Bräuche respektierte, ihnen ein hohes Maß an Autonomie gewährte und ihren Wohlstand förderte. Kyros war nicht nur wegen seiner herausragenden militärischen Leistungen groß, sondern auch wegen seiner hervorragenden Führungsqualitäten.

Kapitel 4: Die Eroberung Ägyptens und Skythiens

„Katzen!", platzte Phanes heraus.

„Katzen?", fragte König Kambyses verwirrt.

„Ja, Herr! Katzen werden unsere Geheimwaffe sein! Und wir benutzen auch Hunde, Schafe und Ibisse."

Wer hätte gedacht, dass Katzen der entscheidende Faktor für Persiens ersten Sieg in Nordafrika sein würden? Wir enthüllen diese Geschichte und mehr, während sich Kyros' Erbe mit den Eroberungen seines Sohns Kambyses und seines entfernten Verwandten Dareios I. (der Große) fortsetzt. Kambyses sollte Ägypten, den größten Teil Nordafrikas und Zypern erobern, während Dareios das Reich ins Tal des Indus und die Balkanhalbinsel Europas ausdehnte.

Kyros' Tod durch die Massageten war ein Schock, aber er war bereits siebzig Jahre alt und hatte seinen Sohn, Kambyses II. auf die Herrschaft vorbereitet. Kambyses hatte als Mitherrscher Nordbabylonien mit seinem Vater regiert. Kyros zweiter Sohn, Bardiya, herrschte über Zentralasien. Nachdem Kambyses auf den Thron gekommen war, begann er mit den Planungen, Ägypten zu erobern, um den Wunsch seines Vaters zu erfüllen.

Amasis II. war seit über vierzig Jahren Pharao in Ägypten. Er war mit Polykrates verbündet, dem Herrscher von Samos, einer griechischen Kolonie in der Ägäis vor der türkischen Westküste. Polykrates kontrollierte die Ägäis mit der mächtigsten Flotte der Welt und Amasis kontrollierte das südöstliche Mittelmeer. Sie hatten gemeinsam die beträchtliche, strategisch gelegene Insel Zypern im Mittelmeer eingenommen und unternahmen Überfälle auf persische Küstengebiete. Während Kambyses seinen Angriff auf Ägypten plante, schlug sich Polykrates mit seiner beeindruckenden Marine unerwartet auf die Seite der Perser.

Polykrates war nicht der einzige abtrünnige Grieche. Phanes von Halikarnassos hatte als Söldnergeneral unter Amasis gedient. Söldner waren in jener Zeit verbreitet, sie kämpften gegen Bezahlung und nicht für irgendeine politische Ideologie. Da die Söldner nicht durch Patriotismus motiviert waren, neigten sie dazu, auf die Seite mit den besten Aussichten auf einen Sieg zu wechseln.

Pharao Amasis von Ägypten verdächtigte Phanes von Halikarnassos einer Verschwörung gegen ihn, so dass er Mörder zu ihm schickte. Phanes entkam den Attentätern und lief zu Kambyses über, wo er sich mit seinen brillanten Strategien und seiner Kenntnis des ägyptischen Militärapparats als großer Gewinn erwies. Phanes zu verlieren war für Amasis ein Schlag, aber Zypern zu verlieren, war noch schlimmer, denn die mykenischen Griechen und Phöniker von Zypern wechselten ihre Gefolgschaft von Ägypten zu Persien.

Bevor er einen Feldzug begann, versuchte Kambyses vorsichtig, friedliche Verhandlungen mit Ägypten zu führen und bat um die Hand der Tochter des Pharao Amasis. Amasis konnte es nicht ertragen, sich von seiner Tochter zu trennen, also schickte er die schöne Nitetis, die Tochter des Pharao Apries, von dem er den Thron an sich gerissen hatte. Doch als Nitetis eintraf, erzählte sie Kambyses von Amasis' Täuschung und gab Kambyses den Vorwand, den er brauchte, um in Ägypten einzumarschieren.

Die Phönizier bauten Schiffe für die Flotte von Kambyses und die ionischen Griechen stellten ebenfalls eine Flotte zur Verfügung. Auf Phanes' Rat hin schloss Kambyses einen Vertrag mit den Arabern, die die Sinai-Halbinsel zwischen Israel und Ägypten kontrollierten. Als seine Männer durch die Wüste Sinai marschierten, versorgten die Beduinenhäuptlinge sie mit Wasser. Kambyses' Marine segelte entlang der Küste von Phönizien in Richtung Ägypten.

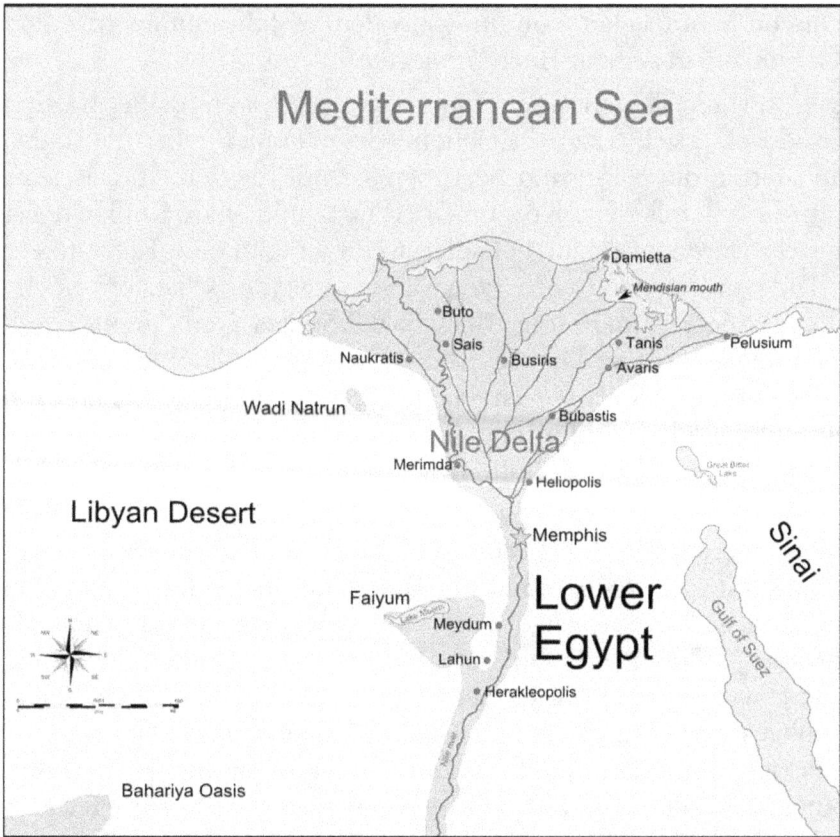

Dareios eroberte erst Pelusium oben rechts)), dann Memphis (in der Mitte).
Lower_Egypt-en.png: *Ancient_Egypt_map-en.svg: Jeff Dahlderivative work:
MinisterForBadTimes (talk)derivative work: MinisterForBadTimes, CC BY-SA 3.0

Als Kambyses nach Ägypten vorrückte, starb Pharao Amasis, und sein Sohn, Psammetich III., wurde Pharao. Psammetich schickte seine Schiffe, um der phönizisch-griechischen Flotte von Kambyses entgegenzutreten, doch Psammetichs Admiral Udjahorresnet lief über und verschaffte Kambyses mehr Schiffe und seemännisches Know-how. 525 v. u. Z. segelte die persische Marine ins Nildelta, wo Psammetich sie bei der Festung Pelusium erwartete.

Die Ägypter hielten die Perser zunächst mit ihren Bogenschützen- und Streitwagenformationen mit unübertroffener Geschwindigkeit und Beweglichkeit in Schach. Ihre Katapulte waren ihre tödlichste Waffe, denn sie schleuderten kleine Felsbrocken und brennende Geschosse auf die Perser und töteten Tausende. Hier kamen die Katzen ins Spiel! Der griechische Schriftsteller Polyainos aus dem 2. Jahrhundert u. Z. erzählte die Geschichte in seinem Buch *Strategika.*[20]

Die Ägypter liebten ihre Hauskatzen, und wenn eine Katze starb, rasierten sie sich zum Zeichen der Trauer die Augenbrauen, mumifizierten die Katze und begruben sie mit Juwelen. Ihre Kriegsgöttin Bastet, die oft mit dem Körper einer Frau und dem Kopf einer Katze dargestellt wurde, war sehr beleidigt, wenn jemand eine Katze tötete, was die Todesstrafe nach sich zog. Die Ägypter schätzten auch ihre windhundartigen Hunde sehr. Ihr schakalköpfiger Gott Anubis beschützte die Geister der Toten. Die Ägypter stellten ihren Schöpfergott Amun als Widder dar, anders als die Israeliten opferten sie keine Schafe, sondern verehrten lebende Widder. Die Ägypter betrachteten den weißen Ibis als Inkarnation ihres Gottes Thoth, des Erhalters des Universums. Millionen mumifizierter Ibisse wurden in ägyptischen Katakomben gefunden.

Diese Verehrung für bestimmte Tiere führte zu Phanes' genialer Taktik. Kambyses ließ das Bild der Bastet auf die Schilde seiner Soldaten malen und ließ dann heilige Tiere auf seine Front los. Katzen, Hunde, Ibisse und Widder rannten vor. Die Ägypter gerieten in Panik und konnten weder ihre Göttin bekämpfen noch die Tiere mit ihren Katapultgeschossen und Pfeilen verletzen. Sie machten kehrt und rannten den Persern hinterher. Fünfzigtausend Ägypter starben im Vergleich zu siebentausend Persern. Ein Jahrhundert später besuchte Herodot den Schauplatz der Schlacht und fand dort Schädel und Knochen, die noch immer den Sand bedeckten.

Die Ägypter flohen hundert Meilen nach Süden in ihre Hauptstadt Memphis. Kambyses schickte ein griechisches Schiff aus Mytilene nach Memphis, um die Bedingungen für eine friedliche Kapitulation auszuhandeln. Doch die Ägypter griffen das Schiff an und zerstückelten die Besatzung. Nachdem er Memphis belagert und besiegt hatte, ließ Kambyses als Vergeltung für das Massaker von Mytilene zweitausend ägyptische Prinzen hinrichten, verschonte aber Psammetich.

---

[20] Polyaenus, *Stratagems: Book Seven*, trans. R. Shepherd (1793). http://www.attalus.org/translate/polyaenus7.html.

Diese Abbildung eines persischen Siegels aus dem 6. Jahrhundert zeigt Kambyses bei der Gefangennahme von Psammetich.

https://commons.wikimedia.org/wiki/File:Cambyses_II_capturing_Psamtik_III.png

Während der Konsolidierung Ägyptens schickte Kambyses eine fünfzigtausend Mann starke Armee in die Oase Siwa, um die Priester des Amun-Tempels zu vernichten, die sich geweigert hatten, Kambyses als ägyptischen Pharao zu legitimieren. Kambyses hatte sich selbst zum Pharao gekrönt, einen ägyptischen Thronnamen angenommen und ägyptischen Göttern Opfer dargebracht, doch die Priester des Amun-Tempels hielten ihn für einen illegitimen Eindringling.

Nach einer einwöchigen Reise erreichten die persischen Truppen die Oase El-Kharga, wo sie sich ausruhten, bevor sie ihren Zug durch die Wüsten fortsetzten. Ein tödlicher Südwind kam auf und entfachte einen Sandsturm, der die Truppen unter sich begrub. Da nie eine Spur der vermissten Armee gefunden wurde, verwarfen die meisten Gelehrten die Geschichte von Herodot. Im Jahr 1996 entdeckte eine Expedition jedoch ein Massengrab mit menschlichen Knochen, Bronzewaffen und Silberschmuck aus der Zeit der Achämeniden.[21]

Libyen schloss bald einen Vertrag mit dem Achämenidenreich, ebenso wie die griechischen Kolonien Kyrene und Barke. Kambyses stellte Memphis wieder her und machte Ägypten zu einer Satrapie (Provinz) von

---

[21] Rossella Lorenzi, „Vanished Persian Army Said Found in Desert," *NBC News: Science News*, November 9, 2009. https://www.nbcnews.com/id/wbna33791672.

Persien, wobei die Perser die siebenundzwanzigste Dynastie Ägyptens bildeten. Der Sieg des Kambyses über Ägypten bedeutete das Ende der ägyptischen Selbstverwaltung. Die persischen Monarchen herrschten während des gesamten Achämenidenreiches als Pharaonen über Ägypten, auf das die makedonische Dynastie der Ptolemäer und schließlich das Römische Reich folgten.

Kambyses blieb drei Jahre lang in Ägypten, bevor ein Putschversuch in Persien seine Rückkehr verlangte. Während er nach Hause eilte, verletzte er sich versehentlich selbst am Oberschenkel, indem er sich mit seinem Schwert durchbohrte, als er sein Pferd bestieg. Laut Herodot litt Kambyses an der „heiligen Krankheit" (Epilepsie), so dass er sich möglicherweise während eines Anfalls verletzte. Die Wunde wurde brandig, und innerhalb von drei Wochen starb Kambyses 522 v. u. Z. an einem septischen Schock.

Dareios, der Lanzenträger des Kambyses, war bei ihm. Einige flüsterten leise, dass Dareios den Tod des Kambyses verursacht haben könnte, und bald wurde das Geflüster lauter. Da Kambyses keine Kinder hatte, war sein jüngerer Bruder Bardiya (griechisch *Smerdis*) der nächste Anwärter auf den Thron. Bardiya starb jedoch auf mysteriöse Weise. Dareios behauptete, Kambyses habe seinen Bruder vor seiner Abreise nach Ägypten getötet, um zu verhindern, dass er in seiner Abwesenheit den Thron an sich riss.

Dareios behauptete, dass ein Mager (iranischer Priester) namens Gaumata, der dem jungen Mann ähnelte, den Thron an sich gerissen habe, indem er vorgab, Bardiya zu sein. Dies veranlasste Kambyses, Ägypten in Richtung Persien zu verlassen. Nachdem Kambyses unterwegs gestorben war, kehrte Dareios nach Persien zurück und stürmte mit sechs weiteren Mitverschwörern Gaumatas Festung in Medien und tötete den Thronprätendenten. Oder haben sie tatsächlich Bardiya getötet? Dareios war der Einzige, der den Tod Bardiyas durch Kambyses meldete. Könnte Bardiya den Thron seines Bruders für einige Monate vor seiner Ermordung usurpiert haben? Hat Dareios die Geschichte über Bardiya erfunden, damit er nicht des Königsmordes beschuldigt werden konnte?

Auf jeden Fall waren Kambyses und Bardiya tot und hinterließen keine männlichen Erben der Achämeniden-Dynastie. Das heißt, bis Dareios behauptete, ein entfernter Cousin von Kyros und Kambyses und ein direkter Nachkomme von Achämenes zu sein. Auf der Behistun-Inschrift, die 100 Meter hoch auf einer Klippe im westlichen Iran eingemeißelt ist, erklärte Dareios seine Abstammung:

„Ich bin Dareios, der große König, der König der Könige, der König in Persien, der König der Länder ... Mein Vater ist Hystaspes. Der Vater von Hystaspes war Arschama, der Vater von Arschama war Ariaramna. Der Vater von Ariaramna war Teispes, der Vater von Teispes war Achämenes...Wir heißen Achämeniden, von alters her sind wir edel, von alters her ist unsere Dynastie königlich gewesen."[22]

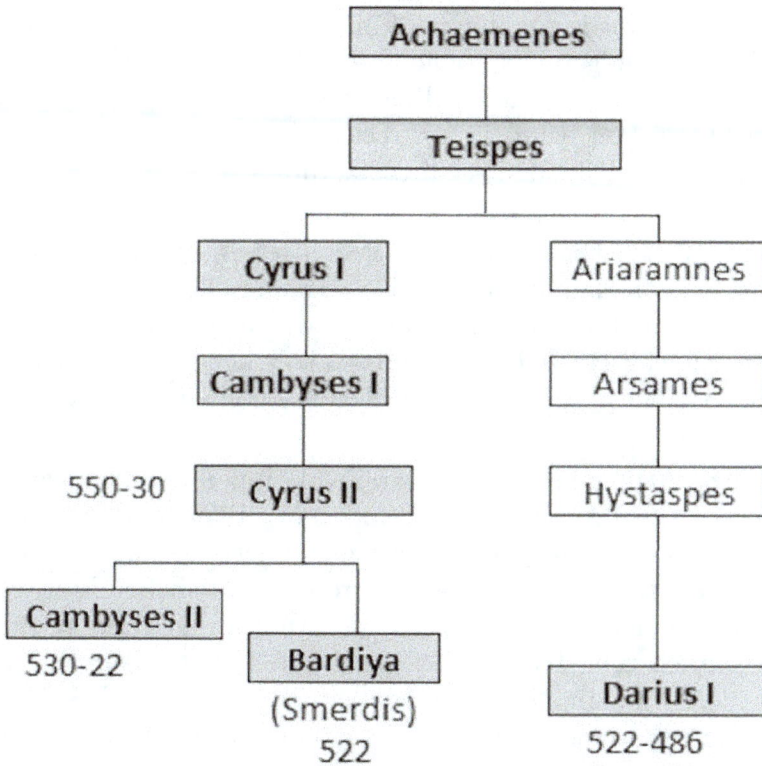

Dareios I. beansprucht seine Abstammung von Achämenes.
Ekvcpa, CC BY-SA 4.0 <https://creativecommons.org/licenses/by-sa/4.0>, via Wikimedia Commons; https://commons.wikimedia.org/wiki/File:Lineage_of_Darius_the_Great.jpg

Viele Satrapen (Statthalter) des Achämenidenreiches lehnten Dareios' Geschichte über Bardiya, seinen Stammbaum und sein Recht auf Herrschaft ab. Mehrere Satrapen erklärten sich fast gleichzeitig für

---

[22] Darius I, *The Behistun Inscription*, Livius. https://www.livius.org/articles/place/behistun/behistun-3/.

unabhängig von Persien und krönten sich zum König ihrer Länder oder Satrapien: Elam, Babylonien, Persis Media, Assyrien, Ägypten, Armenien, Parthien, Margiana (in Baktrien), Skythien und Sattagydien (in Pakistan). In neunzehn Schlachten innerhalb eines einzigen Jahres eroberte Dareios die Länder nacheinander zurück und nahm die aufständischen Könige und Satrapen gefangen.

Obwohl Dareios mit einem fragwürdigen Stammbaum aus der relativen Bedeutungslosigkeit aufstieg und möglicherweise einen oder beide Söhne von Kyros tötete, führte er das Achämenidenreich zu erstaunlichen Erfolgen. Er sorgte für Stabilität, entwickelte eine eigene Infrastruktur und erweiterte das Reich auf eine Größe, die es zuvor in der Welt nicht gegeben hatte. Es erstreckte sich über drei Kontinente und umfasste fast die Hälfte der Weltbevölkerung.

Nachdem er die zahlreichen Aufstände im Reich niedergeschlagen hatte, machte sich Dareios auf den Weg nach Ägypten, um die früheren Eroberungen von Kambyses zu festigen. Dann richtete er sein Augenmerk nach Osten auf das Tal des Indus. Kyros der Große hatte das Gebiet zwischen Afghanistan und dem Indus (dem heutigen Pakistan) erobert, doch die Bevölkerung hatte sich in der chaotischen Zeit nach Kambyses' Tod aufgelehnt.

Um 518 v. u. Z. überwanden Dareios' Truppen den Himalaya, um das frühere Gebiet zurückzuerobern und nach Punjab in Nordindien zu expandieren, wo sie drei Indus-Provinzen bildeten: Sattagydien, Gandhara und das Industal. Diese Provinzen waren die wohlhabendste Region des Achämenidenreiches, da sie über große Mengen an Gold verfügten. Sie zahlten jährlich acht Tonnen Goldstaub als Tribut: etwa ein Drittel des Wertes der gesamten Tributeinnahmen des Reiches aus allen dreiundzwanzig seiner Länder. Die Inder lieferten auch Teakholz, Elfenbein und Kriegselefanten.

Im Jahr 513 v. u. Z. wandte sich Dareios nach Nordwesten zu den Skythen in Europa, nachdem er bereits die Skythen in Zentralasien unterworfen hatte. Das Gebiet der Skythen erstreckte sich von den nördlichen Steppen Zentralasiens bis zum Schwarzen Meer und nach Thrakien (dem heutigen Bulgarien, nordöstlich von Griechenland). Die Frage der Skythen lautete laut Herodot: „Warum? Wir haben keine Städte, die ihr erobern könnt, und keine Ernten, die ihr zerstören könnt. Wir haben es nicht eilig, gegen euch zu kämpfen!"

Warum also? Herodot vermutet, dass es darum ging, alte Rechnungen zu begleichen, die bis in die frühe persische Geschichte zurückreichen. Wahrscheinlicher ist jedoch, dass Dareios Land einnehmen und die Grundlage für eine spätere Invasion Griechenlands schaffen wollte. Was auch immer seine Beweggründe waren, die Skythen machten es Dareios nicht leicht. Ohne Städte und landwirtschaftliche Nutzflächen mussten sie beim Herannahen der Perser nur ihre Wagen, in denen sie lebten, zusammenpacken und woanders hinziehen. Die Skythen waren wilde Krieger, die das Zaumzeug ihrer Pferde mit den Skalps ihrer Opfer schmückten, aber sie zogen es vor, sich ihre Schlachten auszusuchen. Warum sollte man Energie für Kämpfe verschwenden?

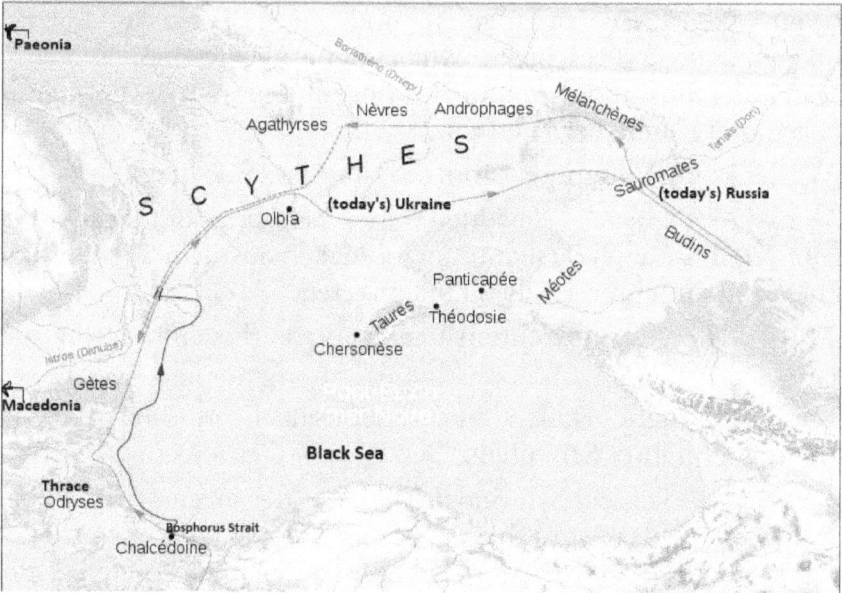

Diese Karte zeigt die Route des Dareios bei seiner Jagd auf die Skythen.
Modifiziertes Foto: Englischsprachige Beschriftung ergänzt. Credit: anton Gutsunaev, traduction GrandEscogriffe, CC BY-SA 4.0 <https://creativecommons.org/licenses/by-sa/4.0>, via Wikimedia Commons; https://commons.wikimedia.org/wiki/File:DariusScythes_fr.svg

Dareios' Männer bauten eine Brücke über die Meerenge des Bosporus und marschierten dann durch das heutige Bulgarien nach Norden bis zur Donau in Rumänien. Er forderte den Skythenkönig Idanthyrsos auf, entweder zu kämpfen oder sich zu ergeben, was dieser ablehnte. Dareios verfolgte die Skythen bis zum Nordende des Schwarzen Meeres und bis zur Wolga in Russland. Die persischen Truppen waren zu diesem Zeitpunkt erschöpft und krank, da ihnen in der rauen Steppe Wasser und Nahrung ausgingen. Sie bauten acht Festungen, um die Grenze zu bewachen, aber der bittere russische Winter brach herein, und sie hatten keine andere Wahl, als sich zurückzuziehen. Obwohl Dareios die Skythen nie in eine richtige Schlacht verwickelte, hatte er sie erfolgreich von der baltischen Halbinsel vertrieben.

Während Dareios die Skythen verfolgte, ließ er einen Teil seines Heeres und seinen Feldherrn Megabazos zurück, um die Eroberung Thrakiens, eines wichtigen Ausgangspunktes für seinen späteren Feldzug in Griechenland, abzuschließen. Nachdem Dareios nach Asien übergesetzt hatte, bot sich ihm ein seltsamer Anblick. Eine große, schöne Frau in einem herrlichen Gewand führte ein Pferd, während sie einen Krug auf dem Kopf balancierte und Flachs sponn, während sie zum Fluss ging, um das Pferd zu tränken und ihren Krug zu füllen. Die atemberaubende und geschickte Multitaskerin weckte Dareios' Neugierde. Er befahl, die junge Frau zu ihm zu bringen, und ihre Brüder, die in der Nähe gewartet hatten, begleiteten sie.

„Woher kommt ihr, und warum seid ihr hier?“

„Wir sind Päonier“, antworteten sie. „Unser Land liegt am Fluss Strymon, und unser Volk stammt ursprünglich aus dem alten Troja. Wir sind hier, um uns eurer Macht zu unterwerfen.“

„Müssen alle Frauen in eurem Land so hart arbeiten?“ erkundigte sich Dareios.

„Oh, ja! Unsere Frauen sind unermüdlich in ihrer Arbeit und unübertroffen in ihrer Schönheit.“

Das war natürlich ein Schwindel. Der Plan der jungen Adligen bestand darin, Dareios dazu zu bewegen, in Päonien (Nordmakedonien) einzumarschieren und sie dann als seine Satrapen zu ernennen, um das Land zu regieren. Aber ihr Plan ging nicht so gut auf, wie sie gehofft hatten. Dareios wollte diese großen, schönen und fleißigen Menschen in seinem eigenen Land haben, also beauftragte er Megabazos in Thrakien, Päonien zu erobern und die Männer, Frauen und Kinder nach Persien umzusiedeln. Dies war das erste Mal, dass ein Umsiedlungsprogramm unter persischer Herrschaft durchgeführt wurde.

Nachdem General Megabazos alle Päonier, die er auftreiben konnte, nach Persien gebracht hatte, konzentrierte er sich auf Makedonien, das südlich von Päonien lag. Er sandte sieben persische Botschafter aus, die von König Amyntas verlangten, „Erde und Wasser“ zu geben und damit die persische Autorität anzuerkennen. König Amyntas willigte ein und veranstaltete ein großes Fest für die persischen Adligen. Die Perser erklärten, es sei ihre Gewohnheit, ein Festmahl zu genießen, bei dem ihre Frauen und Konkubinen mit ihnen zusammensaßen. König Amyntas sagte, in Makedonien würden die Männer getrennt von den Frauen speisen. Dennoch würde er den persischen Brauch ehren und die Frauen einladen, sich zu ihnen zu setzen. Die königlichen Damen betraten den Raum und setzten sich neben ihre Männer, den Persern auf der anderen Seite des Tisches zugewandt.

Da bemerkten die Perser: „Eure Frauen sind so schön, dass es eine Qual ist, sie von der anderen Seite des Tisches zu betrachten! Schickt sie auf unsere Seite."

Amyntas war zwar unglücklich, erinnerte sich aber daran, was gerade mit Päonien geschehen war, und wies die Frauen an, sich auf die persische Seite zu setzen. Die betrunkenen Perser begannen, die Frauen unsittlich zu berühren und zu küssen. Amyntas saß in bedrücktem Schweigen da, aber sein Sohn Alexander (ein Vorfahre Alexanders des Großen) hatte einen Plan.

„Vater, ich weiß, dass du müde bist. Geh zu Bett, und ich werde mich um unsere Gäste kümmern und ihnen geben, was ihnen zusteht."

Nachdem sein Vater den Raum verlassen hatte, stand Alexander auf und sagte großmütig: „Liebe Besucher, betrachtet all diese Damen als eure eigenen. Lasst sie jetzt hinausgehen und baden, während ihr euren Wein genießt, und dann werden sie zurückkommen".

Alexander trieb die Frauen in den Harem, dann trieb er die gleiche Anzahl bartloser, schlanker Jünglinge zusammen. Er kleidete sie in die Gewänder der Frauen, bewaffnete sie mit Dolchen und präsentierte sie dann den betrunkenen Persern. Als die Männer zu grapschen begannen, wurden sie von den „Damen" erstochen. Die Perser erfuhren nie, was mit ihren verlorenen Botschaftern geschehen war. Alexander bestach den Suchtrupp und verheiratete sogar seine Schwester mit dem Perser Bubares, der die Ermittlungen leitete.[23]

---

[23] Herodotus, *The Histories: Book Five.*

Dieses Flachrelief stellt Dareios I. (den Großen) dar.

Trotz des Verlustes der sieben Gesandten und ihres Gefolges kontrollierten die Perser nun Makedonien. Megabazos machte sich auf den Weg nach Sardes, um sich mit Dareios zu treffen, der sich auf seine Rückkehr nach Susa in Persien vorbereitete. Megabazos vertraute Dareios seine Besorgnis über Histiaios, den Herrscher der griechischen Insel Milet vor der türkischen Küste, an. Nachdem Histiaios Dareios im Skythenfeldzug treu gedient hatte, erlaubte ihm Dareios, eine Siedlung in Päonien zu errichten.

„Herr! Histiaios ist Grieche! Und er ist schlau! Jetzt hat er sich in Päonien eingenistet und wird die Kontrolle über die Silberminen Thrakiens und die Wälder mit Holz für den Schiffsbau erlangen. Wir müssen ihn von Griechenland fernhalten!"

Dareios rief Histiaios nach Sardes und sagte zu ihm: „Ich brauche deine Weisheit und Einsicht. Komm mit mir zurück nach Susa, lebe in meinem prächtigen Palast, teile alles, was ich habe, und sei mein Berater."

Histiaios fand Dareios' Einladung schmeichelhaft, auch wenn er sich vielleicht fragte, ob er in dieser Angelegenheit eine Wahl hatte. Dareios kehrte mit Megabazos und Histiaios nach Persien zurück und überließ General Otanes den Oberbefehl über die Truppen an der Seeküste. Otanes' Vater, Sisamnes, hatte während der Herrschaft von König Kambyses als Richter gedient. Als Kambyses entdeckte, dass er Bestechungsgelder annahm, ließ er ihn hinrichten und häuten. Er schnitt die Haut in Streifen, formte daraus ein Gitterkissen für seinen Richterstuhl und ernannte Otanes zum nächsten Richter.

Otanes war zweifellos erleichtert, von seinem grausamen Thron zu entkommen, um dem Militär zu dienen, und er brachte den Rest der Balkanstämme unter persische Herrschaft. Nach seinen Eroberungen kontrollierte Persien die gesamte Balkanhalbinsel, mit Ausnahme von Griechenland. Das sollte Dareios' nächster Schritt sein, und er hatte die Weichen dafür gestellt.

TEIL ZWEI: DIE GRIECHISCH-PERSISCHEN KRIEGE

Kapitel 5: Der Ionische Aufstand

Histiaios schritt im prächtigen Palast von Susa, der mit Gold, Lapislazuli, Türkis, Ebenholz und Elfenbein verziert war, hin und her. Er fühlte sich wie ein Vogel in einem vergoldeten Käfig. Warum hatte er überhaupt zugestimmt, mit König Dareios nach Persien zu kommen? In Ionien hatte er über Milet geherrscht, den reichsten griechischen Stadtstaat. Und mit seiner neuen Stadt in Päonien hätte ihm die Kontrolle über die Silberminen und Wälder der nördlichen Balkanhalbinsel unvorstellbare Reichtümer beschert.

Aber jetzt saß er in Persien fest und war machtlos! Er musste zurück nach Ionien, und er hatte einen Plan. Er würde seinen Schwiegersohn, der jetzt in Milet regierte, anweisen, Unruhe gegen Persien zu stiften. Dann würde er Dareios um die Erlaubnis bitten, nach Hause zurückzukehren und alles in Ordnung zu bringen. Aber wie sollte er eine Nachricht an den Persern vorbeibringen? Er blickte auf, als er seinen Lieblingsdiener auf sich zukommen sah, und lächelte. Er legte seinen Arm um die Schultern des Mannes und sagte: „Ich schicke dich nach Ionien. Aber zuerst musst du dir den Kopf rasieren. Und dann behalte deinen Turban noch eine Weile auf."

Wo lag Ionien? Es handelte sich um eine Gruppe griechischer Stadtstaaten, die auf den Inseln und in den Küstengebieten der heutigen Westtürkei auf der anderen Seite des Ägäischen Meeres gegenüber Griechenland lagen. Wie bereits erwähnt, lebte fast die Hälfte der griechischen Weltbevölkerung in Kolonien rund um das Mittelmeer, die Ägäis und das Schwarze Meer. Nach ihren Überlieferungen kamen die Ionier etwa 140 Jahre nach dem Trojanischen Krieg von Athen aus in die östliche Küstenregion der Ägäis.

Das antike Troja lag an der türkischen Küste, nördlich dessen, was später zu Ionien wurde. Die dorischen und äolischen Griechen gründeten ebenfalls Kolonien an der türkischen Küste, aber die Region wurde nach ihren ersten griechischen Siedlern Ionien genannt. Die Griechen bildeten in Ionien nie eine Zentralregierung. Jeder Stadtstaat war eine autonome Macht, der mit den anderen durch Religion und Kultur verbunden war. Im Laufe der Zeit entwickelten sich diese Kolonien zu außerordentlich wohlhabenden Zentren der Kunst, Philosophie und des wissenschaftlichen und mathematischen Fortschritts.

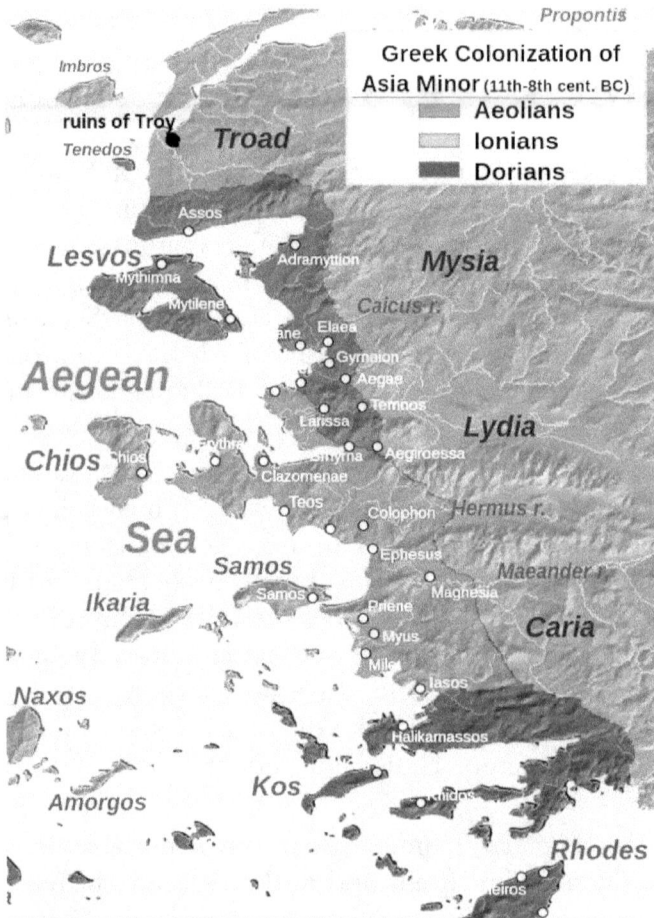

Die Ionier kolonisierten Zentralionien mit den Äoliern im Norden und den Dorern im Süden
Modifiziertes Foto: Die Lage Trojas wurde ergänzt. Credit: Alexikoua, CC BY-SA 3.0

Kyros der Große brachte Ionien unter persische Herrschaft, aber jeder Stadtstaat behielt seine Selbstverwaltung bei, obwohl einige Herrscher Tyrannen waren. Heute assoziiert man mit dem Begriff „Tyrann" einen despotischen und grausamen Diktator, aber in den griechischen Stadtstaaten war ein Tyrann jemand, der außerhalb der üblichen Wege zum Herrscher wurde. Ein Tyrann usurpierte den Thron und regierte mit absoluter Macht, anstatt der Sohn des vorherigen Königs zu sein oder dem aristokratischen Regierungsrat anzugehören.

Tyrannen waren oft wohlwollendere Herrscher als Monarchen oder aristokratische Räte, da sie zur Aufrechterhaltung ihrer Herrschaft die Unterstützung des Volkes benötigten. Daher neigten sie dazu, Schulden zu erlassen, Reformen einzuleiten und Gesetze zu kodifizieren, um das einfache Volk vor Ungerechtigkeit zu schützen. Dennoch kann jeder totalitäre Herrscher schnell zu einem drakonischen Despoten werden, weshalb die Griechen eine andere politische Richtung tendierten.

Polykrates, der Dareios I. bei der Eroberung Ägyptens half, war von 540 bis 522 v. u. Z. der Tyrann von Samos. Er übernahm die Kontrolle über die Insel mit nur seinen zwei Brüdern und fünfzehn Männern. Nachdem er einen Bruder getötet und den anderen ins Exil geschickt hatte, wurde er zum alleinigen und absoluten Herrscher von Samos, mit dem ultimativen (und unerfüllten) Plan, ganz Ionien unter seiner Herrschaft zu vereinen. Während seiner Herrschaft bauten die Samier den viertausend Fuß langen Aquädukt des Eupalinos. Zwei Teams an gegenüberliegenden Enden bohrten sich durch einen Berg, um sich in der Mitte zu treffen, und bewiesen damit ein erstaunliches Verständnis für Geometrie und Technik.

Ein weiterer Tyrann war Histiaios, der Herrscher von Milet, der Dareios bei seiner Invasion in Thrakien unterstützte, aber Dareios nahm ihn mit zurück nach Persien, nachdem General Megabazos sein Misstrauen ausgesprochen hatte. Megabazos' Instinkt war richtig, wie sich laut Herodot herausstellte. Obwohl Histiaios unter Dareios' wachsamen Augen in Persien blieb, manipulierte er weiterhin die Ereignisse in Milet, wo sein Neffe und Schwiegersohn Aristagoras nun regierte.

Einige Aristokraten, die von der Insel Naxos in den Kykladen (Inseln zwischen Griechenland und Ionien) vertrieben worden waren, kamen zu Aristagoras und baten um Hilfe bei der Rückeroberung ihres Landes. Aristagoras sagte ihnen: „Ich habe nicht genug Macht, um euch zu helfen, aber der Bruder des Königs Dareios, Artaphernes, ist mein Freund. Dareios hat ihn zum Herrscher in Sardes ernannt und ihm die Aufsicht über ganz Ionien übertragen. Lasst mich mit ihm sprechen und sehen, was wir aushandeln können."

Aristagoras traf sich also mit Dareios' Bruder Artaphernes in Sardes und verleitete ihn dazu, in die Kykladen (die von Persien unabhängig waren) einzumarschieren und die Verbannten wieder anzusiedeln. „Naxos ist eine große, reiche und fruchtbare Insel mit Silberminen und Marmorsteinbrüchen. Wir werden für eure militärischen Ausgaben aufkommen und euch als Gegenleistung für eure Mühe ein großes Geschenk machen. Einhundert Schiffe sind alles, was ihr braucht. Ihr werdet nicht nur Naxos gewinnen, sondern auch die anderen umliegenden Inseln, was euch die Kontrolle über die Mündung der Ägäis geben wird."

Artaphernes gefiel der Plan, aber er musste sich mit seinem Bruder, König Dareios, absprechen. Er wollte zudem zweihundert Schiffe. Dareios stimmte zu, und so stellte die persisch-ionische Koalition eine Flotte von zweihundert Triremen und ein riesiges Heer unter der Führung des persischen Admirals Megabates, dem Neffen oder Cousin von Dareios, zusammen. Sie segelten nach Naxos, doch es kam zu Unruhen zwischen den Persern und Griechen. Als Megabates seine Inspektionsrunde machte, entdeckte er ein griechisches Schiff ohne Wache. Er bestrafte den Kapitän Scylax, indem er ihn an ein Bullauge fesselte, so dass sein Kopf aus dem Schiff ragte. Als Aristagoras dies hörte, setzte er sich bei Megabates für seinen Freund ein, jedoch ohne Erfolg, und befreite Scylax selbst. Megabates war wütend, aber Aristagoras rief laut: „Vergiss nicht, dass du unter *meinem* Kommando stehst!"

Gedemütigt und wütend beschloss Megabates, sich an den ionischen Griechen zu rächen, indem er heimlich ein Schiff nach Naxos schickte, um seine Bürger vor der drohenden Gefahr zu warnen. Die Naxier wussten, dass zweihundert Schiffe in ihre Richtung segelten, hatten aber keine Ahnung, dass ihre Insel das Ziel war, da sie annahmen, die Schiffe seien auf dem Weg nach Griechenland oder ins Mittelmeer. Sobald sie die Warnung von Megabates erhalten hatten, ernteten sie schnell, was zu ernten war, und legten innerhalb ihrer Stadtmauern Wasser- und Vorratslager an. Die Naxier hielten einer viermonatigen Belagerung stand, bevor die Perser schließlich aufgaben.

Aristagoras war finanziell ruiniert, nachdem er sich für die Belagerung eingesetzt hatte, und konnte kaum die Truppen bezahlen und seine Versprechen gegenüber Artaphernes nicht erfüllen. Er fürchtete, dass das Scheitern seines Feldzuges und sein Konflikt mit Megabates, einem

Verwandten des Dareios, ihn seine Herrschaft über Milet kosten würde. Er glaubte, der einzige Ausweg aus seiner misslichen Lage sei, seine ionischen Mitgriechen zu vereinen und sich von Persien zu lösen. Dann könnte er sein Königreich behalten. Während er darüber nachdachte, erhielt er eine seltsame Nachricht von seinem Schwiegervater Histiaios aus Persien.

Die Nachricht selbst war nicht seltsam, sondern die Art und Weise, wie er sie erhielt. Histiaios wurde in Persien zunehmend gereizter, da er nicht nach Ionien zurückkehren und keine Nachrichten an Aristagoras schicken konnte, die nicht abgefangen wurden. Er wollte einen Aufstand unter den Ioniern anzetteln, in der Hoffnung, dass Dareios ihn nach Hause schicken würde, um ihn niederzuschlagen. Also rief er seinen vertrauenswürdigsten Diener, rasierte ihm den Kopf und tätowierte ihm die Botschaft „Aufstand" ein.

Nachdem die Haare so weit nachgewachsen waren, dass sie die Botschaft verdeckten, schickte er den Mann nach Milet und sagte ihm: „Wenn du nach Milet kommst, bitte Aristagoras, dir den Kopf zu rasieren."

Die Nachricht bestätigte, was Aristagoras bereits beschlossen hatte. Sein einziges Problem war, dass er nun mittellos war und keine Möglichkeit hatte, ein neues militärisches Vorhaben zu finanzieren. Einer seiner Freunde ermutigte ihn, den Tempel in Branchidai zu überfallen, der von König Krösus mit Reichtümern beschenkt worden war, aber Aristagoras wollte die Götter nicht erzürnen. Obwohl es ihm an Geld fehlte, führte Aristagoras die Rebellion fort. Er ermutigte seine Mitregenten in Ionien (meist Tyrannen), ihre Throne aufzugeben, wie er es getan hatte, und ein demokratisches Gemeinwesen mit ihm an der Spitze zu bilden. Er vertrieb alle Tyrannen, die nicht bereit waren, sich gegen Dareios aufzulehnen.

Als Nächstes segelte Aristagoras nach Griechenland, um die Spartaner um Hilfe zu bitten. König Kleomenes, der laut Herodot „nicht ganz richtig im Kopf" war, lehnte ab, da er nicht bereit war, sich auf ein Projekt so weit entfernt von Sparta einzulassen. Aristagoras begab sich daraufhin nach Athen auf der Halbinsel Attika, der angestammten Heimat der ionischen Griechen. Die Athener hatten sich gerade von der Tyrannenherrschaft befreit und experimentierten mit der Demokratie. Sie erklärten sich bereit zu helfen, konnten aber nur zwanzig Schiffe entbehren. Die Stadt Eretria, eine weitere Mutterstadt der ionischen Kolonien, schickte fünf Schiffe.

Nach seiner Rückkehr nach Milet schickte Aristagoras eine Truppe unter der Führung seines Bruders Charopinus zu einem Überraschungsangriff auf Sardes. Deren Herrscher, Artaphernes, zog sich auf die Akropolis auf dem Hügel im Stadtzentrum zurück, aber einer der Tempel fing Feuer und zwang die Perser auf den Marktplatz. Als die Griechen gerade dabei waren, Sardes zu plündern, traf persische Verstärkung ein, die die Griechen nach Ephesos an der Küste vertrieb.

Die ionischen Griechen zerstreuten sich in alle Winde und die Athener beschlossen, dass es Zeit war, nach Hause zu gehen. Überraschenderweise schlossen sich die griechischen Kolonisten Zyperns, der großen Insel im östlichen Mittelmeer, zu diesem Zeitpunkt dem Aufstand an. Die mykenischen Griechen hatten Zypern mehr als tausend Jahre zuvor besiedelt, aber die Perser eroberten die Insel 545 v. u. Z. Der zyprische König Onesilus führte den Aufstand an, und die ionischen Griechen schickten Schiffe zur Unterstützung. Doch Dareios schickte eine phönizische Flotte, um den Aufstand niederzuschlagen, und es kam zu einer gleichzeitigen Land- und Seeschlacht. Die Ionier gewannen die Seeschlacht und dezimierten die persische Flotte. In der Landschlacht tötete Onesilus den persischen Befehlshaber Artybius, wurde aber von einem Teil seiner eigenen Armee heimtückisch getötet.

Dareios schickte seine drei Schwiegersöhne und persische Verstärkung, um einen mehrstufigen Gegenangriff auf Ionien zu beginnen. Sein Bruder Artaphernes und der ehemalige Richter Otanes führten das vierte Heer an. Die erfolgreichen Feldzüge dieser Heere überzeugten Aristagoras, nach Thrakien zu fliehen, wo er schließlich bei einem Angriff auf eine thrakische Stadt starb. In der Zwischenzeit überzeugte Histiaios Dareios, ihm die Rückkehr nach Ionien zu gestatten, da er versprach, alle Stadtstaaten wieder auf Linie zu bringen.

Histiaios musste zunächst Dareios' Bruder Artaphernes in Sardes Bericht erstatten, der ihn fragte: „Warum haben die Ionier rebelliert?"

„Das kann ich mir nicht vorstellen!" antwortete Histiaios und tat so, als wüsste er nichts. „Ich war verblüfft, als ich davon hörte, und du sicher auch."

Artaphernes fiel nicht auf Histiaios' Doppelzüngigkeit herein, denn er hatte den Ausbruch der Revolte bereits untersucht. „Ich werde dir sagen, was ich weiß", antwortete Artaphernes dem Histiaios. „Du hast den Schuh genäht, den Aristagoras angezogen hat."

Durch diese Bemerkung aufgeschreckt, floh Histiaios in der Nacht aus Sardes in Richtung Küste und setzte auf die Insel Chios über, einen der zwölf griechischen Stadtstaaten in Ionien. Da er gerade vom persischen Hof gekommen war, fesselten ihn die Einwohner von Chios und beschuldigten ihn, Dareios gegen sie zu unterstützen. Nachdem er sie von ihrem Irrtum überzeugt hatte, ließen sie ihn frei. Sie verlangten jedoch zu erfahren, warum er Aristagoras zum Aufstand ermutigt hatte, der alle ihre Stadtstaaten in Aufruhr versetzte.

Um nicht zu verraten, was wirklich geschah, täuschte Histiaios die Bewohner von Chios, indem er ihnen erzählte, Dareios plane ein Umsiedlungsprogramm. Er sagte, Dareios würde die Phönizier von der Küste des Libanon vertreiben und sie in Ionien ansiedeln, während er die Griechen aus Ionien vertreiben und sie in Phönizien ansiedeln würde. Natürlich war dies nie Dareios' Plan, aber die jüngsten Ereignisse in Päonien ließen sie glauben, dass die Möglichkeit bestünde.

Histiaios schickte Briefe an einige Perser in Sardes, die zuvor über einen Austritt aus dem Reich nachgedacht hatten. Zum Unglück für Histiaios brachte sein Kurier sie direkt zu Artaphernes. Als Artaphernes erkannte, dass ein Staatsstreich geplant war, wies er den Kurier an, die Briefe den vorgesehenen Empfängern zuzustellen und ihm dann die Antworten zu bringen. Sobald er den Beweis für ihren Verrat hatte, ließ Artaphernes die Verräter hinrichten und löste damit einen großen Aufruhr in Sardes aus.

Als Histiaios erfuhr, dass sein geplanter Umsturz in Sardes gescheitert war, segelte er zurück nach Milet, aber sein Volk war nicht bereit, ihn zu empfangen. Sie waren froh, Aristagoras losgeworden zu sein, und genossen nun eine Kostprobe der Demokratie. Zurückgewiesen, kehrte Histiaios nach Chios zurück. Er brauchte Schiffe, aber man wollte ihm nicht helfen, also ging er nach Mytilene auf der großen ionischen Insel Lesbos.

Die Lesbier erklärten sich bereit zu helfen, rüsteten Histiaios mit acht Triremen aus und segelten mit ihm zum Hellespont (Meerenge der Dardanellen). Der Schiffsverkehr floss von der Ägäis durch den Hellespont in das Marmarameer und dann durch den Bosporus in das Schwarze Meer. Wer eine der beiden Meerengen kontrollierte, beherrschte den regen Schiffsverkehr. Am Hellespont positioniert, beschlagnahmten Histiaios und die Lesbier alle Schiffe, die in die Ägäis fuhren, es sei denn, die Besatzungen schlossen sich ihren Kräften an.

In der Zwischenzeit stellten die Perser eine riesige Flotte aus Phöniziern, Zyprern, Kilikiern und Ägyptern zusammen. Sie steuerten auf Milet zu, da sie die Stadt als Dreh- und Angelpunkt der Rebellion ansahen. Wenn es ihnen gelänge, Milet zu überwältigen, würde sich der Aufstand in Luft auflösen. Die ionischen Stadtstaaten schlossen ihre Flotten zu einer Flotte von 353 Triremen zusammen, um den sechshundert Schiffen der Perser entgegenzutreten.

Die Flotte der ionischen Koalition beunruhigte die Perser. Obwohl sie den griechischen Schiffen zahlenmäßig weit überlegen waren, verfügten die Ionier über eine gute Kenntnis der Meere in dieser Region. Was, wenn sie die Ionier nicht besiegen konnten? Dareios würde sie aufspießen! Vielleicht konnten die ionischen Tyrannen, die von Aristagoras vom Thron gestoßen worden waren und auf die Seite der Perser übergelaufen waren, helfen. Die Perser riefen die ehemaligen Tyrannen zusammen.

„Männer von Ionien! Jetzt ist es an der Zeit, unserem großen König Dareios eure Loyalität zu zeigen! Geht zurück in eure Stadt und überzeugt euer Volk, sich von der ionischen Koalition zu lösen. Versprecht ihnen, dass ihnen kein Leid geschehen wird, wenn sie sich Persien unterwerfen. Wir werden ihre Häuser und Tempel verschonen, und alles wird so sein wie vor der Rebellion. Aber sagt ihnen, wenn sie sich nicht ergeben, werden wir sie versklaven, ihre Jungen zu Eunuchen machen, ihre Mädchen in die baktrischen Harems schicken, und ihr Staat wird unter fremde Herrschaft geraten."

Die ehemaligen Tyrannen überbrachten diese Botschaft an ihre Staaten, doch die Ionier weigerten sich, auf sie zu hören. Stattdessen spornte Dionysios, einer der Hauptmänner, sie an: „Unser Schicksal steht auf Messers Schneide! Wählt, frei zu sein oder Sklaven zu sein. Entscheidet euch, für den Augenblick Entbehrungen zu ertragen, um die Freiheit zu erlangen. Oder in Unordnung und Faulheit zu verharren und Dareios' Rache zu erleiden."

Unter dem Kommando von Dionysios übten die griechischen Schiffe in Erwartung der Perser wiederholt Seemanöver. Doch nach sieben Tagen zermürbender Ausbildung unter der heißen Sonne waren die Besatzungen erschöpft. „Wir waren dumm, uns diese Strafe selbst aufzuerlegen! Dionysios hat nur drei Schiffe zur Verfügung gestellt, aber jetzt benimmt er sich wie der Admiral der Flotte! Wenn wir so weitermachen, werden wir noch alle krank!"

Am achten Tag traten die Besatzungen in den Streik und legten sich auf der Insel in den Schatten und weigerten sich, ihre Schiffe zu betreten, um weiter zu üben. Diese Unruhe veranlasste die Kapitäne von Samos, das persische Angebot zur Kapitulation anzunehmen. Denn selbst wenn sie die erste persische Flotte besiegten, würde eine weitere folgen. Die persischen Ressourcen waren grenzenlos, die eigenen jedoch nicht. Sie sollten besser für die Sicherheit ihrer Tempel und Ländereien sorgen.

In diesem Moment lief die persische Flotte ein, und die ionischen Besatzungen bestiegen ihre Schiffe und segelten in geübter Formation auf sie zu. Doch die Schiffe aus Samos änderten abrupt ihren Kurs und segelten über den Horizont hinweg zurück nach Samos. Als die Lesbier die Samianer wegsegeln sahen, taten sie dasselbe, und bald war nur noch ein Drittel der Flotte übrig, um sich den sechshundert Schiffen der persischen Flotte zu stellen. Zunächst kämpften die Ionier entschlossen, doch schließlich gaben sie auf und flohen. Kapitän Dionysios segelte nach Sizilien, wo er Pirat wurde, obwohl er nie griechische Schiffe plünderte.

Nachdem sie die Seeschlacht gewonnen hatten, griffen die Perser Milet an, untertunnelten die Mauern und brachten sie zum Einsturz. Sie verschleppten die gesamte Bevölkerung nach Persien, aber Dareios behandelte sie freundlich und schenkte ihnen die Stadt Ampe am Persischen Golf. Die Bewohner von Samos waren wütend darüber, dass ihre Flotte die Schlacht aufgegeben hatte, und zogen es vor, auszuwandern, anstatt sich unter die Fuchtel der Perser zu begeben. Sie nahmen die Einladung der Griechen von Sizilien an, auf ihrer Insel eine neue Kolonie zu gründen.

Histiaios befand sich noch immer am Hellespont, wo er Schiffe abfing und die Besatzungen zwangsrekrutierte. Sobald er die Nachricht von dem Seedebakel hörte, segelte Histiaios mit den lesbischen Schiffen nach Chios und nahm die Insel in Beschlag, bis er hörte, dass die persische Flotte in diese Richtung segelte. Er entkam auf das Festland, wo er von den Persern gefangen genommen wurde. Artaphernes ließ ihn in Sardes hinrichten und schickte seinen Kopf an Dareios, der seinen Tod betrauerte, ohne den Verrat des Histiaios zu bemerken.

Im folgenden Frühjahr, 492 v. u. Z., schickte Dareios, wütend über Athen und Eretria, die sich in seinen Krieg eingemischt und an der Plünderung von Sardes beteiligt hatten, seinen nahen Verwandten General Mardonios, um Rache zu üben. Mardonios zog mit seiner Flotte und seinem Heer durch Ionien, vertrieb alle verbliebenen Tyrannen und errichtete in den Stadtstaaten Demokratien. Er festigte die persische

Herrschaft über Thrakien und Makedonien und segelte dann nach Südgriechenland, um Athen und Eretria anzugreifen.

Doch ein heftiger Sturm zertrümmerte dreihundert seiner Schiffe und tötete über zwanzigtausend Männer. Während Mardonios mit seinem Heer marschierte, griff der Stamm der Byrgi in Thrakien an. Mardonios gelang es, die Byrgi zu unterwerfen, aber sein Heer war in einem schlechten Zustand. Er zog sich nach Persien zurück, doch Dareios hatte nun Ionien, Thrakien und Makedonien noch fester in der Hand. Dareios war mit Griechenland noch nicht fertig, er würde seine Flotte wiederaufbauen und in zwei Jahren nach Griechenland zurücksegeln.

Kapitel 6: Der erste Feldzug gegen Griechenland

König Dareios schlenderte am Strand entlang, beobachtete die Phönizier beim Wiederaufbau seiner Schiffsflotte und genoss die Brise des Mittelmeers. Er hatte 600 neue Triremen und genügend Transportschiffe bestellt, um 10.000 Pferde und Nachschub für seine 200.000 Infanteristen zu transportieren. Die Phönizier hatten ihm gesagt, dass der Bau so vieler Schiffe zwei Jahre dauern würde, und er war erfreut zu sehen, dass das Projekt nach einem Jahr dem Zeitplan voraus war.

In der Zwischenzeit wollte Dareios die Lage in Griechenland ausloten, da er wissen wollte, wo die stärksten Widerständler waren. Wie Ionien war auch Griechenland kein einheitliches Land, sondern eine Ansammlung unabhängiger Stadtstaaten, die sich ständig untereinander bekämpften. Doch nun sah sich Griechenland mit der größten Bedrohung von außen konfrontiert, der es je begegnet war, seit es drei Jahrhunderte zuvor sein finsteres Zeitalter hinter sich gelassen hatte.

Dareios hatte bereits seine Gesandten in die Hafenstädte seines Reiches geschickt und sie angewiesen, mehr Schiffe und Pferde zu besorgen. Jetzt schickte er seine Abgesandten überall nach Griechenland, in jeden berühmten Stadtstaat und forderte „Erde und Wasser", was so viel wie die bedingungslose Unterwerfung unter Persien bedeutete. Als seine Abgesandten zurückkehrten, war er erfreut zu hören, dass alle griechischen Städte einverstanden waren, sich Persien zu beugen. Alle, das heißt, außer Athen und Sparta.

Dareios knurrte. Wieder einmal Athen! Diese Athener mussten bestraft werden. Erst hatten sie und die Eretrianer sich in den Ionischen Aufstand eingemischt und Schiffe und Männer geschickt. Sie hatten sich sogar an der Plünderung von Sardes beteiligt. Er würde diese beiden Städte zuerst ins Visier nehmen, wenn er nach Griechenland segelte. Er würde ihre Mauern niederreißen, die Städte niederbrennen und die gesamte Bevölkerung versklaven! Und was war mit Sparta? Sie weigerten sich ebenfalls, sich Persien zu unterwerfen, aber zumindest hatten sie sich geweigert, der Ionischen Revolte Hilfe zu leisten. Er würde später über Spartas Schicksal entscheiden. Sie könnten nützlich sein, um Athen zu destabilisieren.

In der Zwischenzeit grübelten die Athener über die griechischen Städte, die vor Dareios kapituliert hatten. Diese Verräter würden nichts tun, um einer persischen Invasion Widerstand zu leisten. Was noch schlimmer war, sie könnten sich möglicherweise den Persern anschließen, um Athen anzugreifen. Die Athener waren besonders empört über die Bewohner von Ägina, einer Insel im Saronischen Golf zwischen Athen auf der Halbinsel Attika und dem Peloponnes, wo Sparta lag. Die Perser könnten diese Insel als Ausgangpunkt für Angriffe auf beide Städte nutzen!

Athen informierte Sparta, dass Ägina sich Persien gebeugt hatte. Normalerweise waren Athen und Sparta erbitterte Rivalen, aber in diesem Fall kooperierten sie gegen ihren gemeinsamen Feind. Kleomenes, der noch König von Sparta war, reiste nach Ägina, um die Ägineten zu disziplinieren, aber sie waren frech und verlangten zu wissen, warum der andere König ihn nicht begleitete. Der „andere König" war Demaratos. Sparta hatte ein System von zwei Königen, die gleichzeitig regierten, jeweils von Zwillingen abstammten, die in alten Zeiten regierten.

König Demaratos war zurückgeblieben und hatte in seiner Abwesenheit einen Aufstand gegen Kleomenes angeregt. Als Kleomenes zurückkehrte, rächte er sich, indem er die Legitimität des Demaratos in Frage stellte: War der vorherige König, Ariston, wirklich der biologische Vater des Demaratos? Ariston hatte die Frau seines Freundes entführt, und Demaratos wurde sieben Monate später geboren. Ariston vermutete, dass Demaratos das Kind seines Freundes sein musste, nicht sein eigenes. Doch er schwieg und zog Demaratos als seinen leiblichen Sohn auf, weil er keine anderen Kinder hatte.

König Kleomenes verschwor sich mit Leotychidas, einem Familienmitglied von Demaratos, um zu bezeugen, dass Demaratos nicht

Aristons leibliches Kind sein konnte. Dies führte dazu, dass Demaratos seinen Thron verlor und zu Dareios dem Großen überlief. Leotychidas wurde der nächste König und regierte mit Kleomenes. Nachdem die Frage der Königswürde geklärt war, reisten die beiden Könige Kleomenes und Leotychidas gemeinsam nach Ägina, um sich mit dem Ungehorsam der Insel auseinanderzusetzen.

Da die beiden Könige gemeinsam eintrafen, hielten es die Ägineter für das Beste, diesmal nachzugeben. Die spartanischen Könige wählten ihre zehn reichsten Adligen aus, die sie als Geiseln nach Athen mitnahmen, um sicherzustellen, dass sie bei einem Angriff vom Meer aus nicht mit den Persern kollaborieren würden. Die Könige kehrten nach Sparta zurück, doch Kleomenes, der seit Jahren mit einer Geisteskrankheit zu kämpfen hatte, geriet völlig aus dem Häuschen und schlug mit seinem Zepter auf jeden ein, der in Reichweite war. Seine Familie sperrte ihn ein, aber es gelang ihm, sich ein Messer zu verschaffen und sich selbst zu verletzen, indem er sich die Beine und dann den Bauch aufschlitzte, bis er schließlich verblutete und starb.[24]

In der Zwischenzeit bereitete Dareios seine Flotte zum Auslaufen vor und ernannte zwei neue Generäle: einen Meder namens Datis und Artaphernes, den Sohn seines Bruders. Die sechshundert Triremen und die dazugehörigen Transportschiffe verließen Kilikien und segelten nach Ionien. Anstatt das Festland zu umschiffen, segelten sie quer durch die Ägäis durch die Kykladen, in der Hoffnung, Stürme wie den, der die letzte Expedition zerstört hatte, zu vermeiden.

Naxos war noch nicht erobert worden, und die meisten Einwohner waren in die Berge geflohen, aber die Perser brannten die Stadt nieder und versklavten jeden, den sie finden konnten. Während Artaphernes die Angelegenheiten auf Naxos regelte, segelte Datis zur nahe gelegenen Insel Delos, dem mythischen Geburtsort Apollos'. Die Menschen flohen, aber Datis versicherte ihnen, dass er weder der heiligen Insel noch den Menschen Schaden zufügen wollte, und opferte Weihrauch auf dem Opferaltar.

Datis segelte durch die Kykladen und rekrutierte Männer von den Inseln für seine Armee. Einige Inselbewohner weigerten sich, weil sie nicht gegen ihre griechischen Landsleute in Eretria und Athen kämpfen wollten, aber Datis verwüstete ihre Felder, bis sie sich fügten. Sie verließen

---

[24] Herodotus, *The Histories: Book Six.*

die Kykladen und segelten in den südlichen Golf von Euböa in Richtung Eretria. Kurz nachdem Datis Delos verlassen hatte, wurde die Insel zum einzigen Mal in der Geschichte von einem Erdbeben heimgesucht. Die Griechen hielten dies für ein Omen des bevorstehenden Unheils. Herodot wies darauf hin, dass die Griechen unter Dareios, seinem Sohn Xerxes und Xerxes' Sohn Artaxerxes mehr Unglück erlitten hatten als in den zwanzig Generationen zuvor.

Als sich die persische Flotte näherte, schickten die Eretrier verzweifelt Nachrichten an Athen, um Hilfe zu erhalten. Die Athener schickten viertausend Bauern mit einer gewissen militärischen Ausbildung. Die Eretrier zerbrachen sich den Kopf darüber, wie sie am besten vorgehen sollten. Die meisten planten, die Stadt zu verlassen und in die unzugänglichen Höhen des Olymps zu fliehen, doch andere planten Verrat und hofften auf eine Belohnung durch die Perser. Niemand schien geneigt, die Stellung zu halten und die Stadt zu verteidigen. Aischines, ein Stadtoberhaupt, schickte die Athener zurück nach Hause. „Niemand hier hat vor zu kämpfen. Warum solltet ihr sterben?"

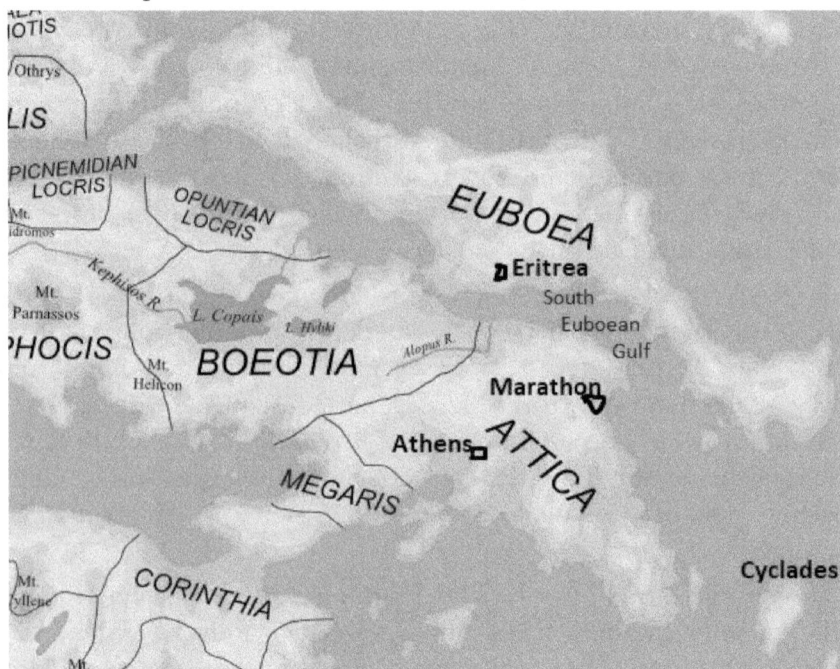

Die Perser segelten von den Kykladen den südlichen Golf von Euböa hinauf nach Eretria.
Modifiziertes Foto: Ausschnitt und ergänzte Beschriftung. Credit: User: MinisterForBadTimes, CC BY-SA 2.5 <https://creativecommons.org/licenses/by-sa/2.5>, via Wikimedia Commons; https://commons.wikimedia.org/wiki/File:Ancient_Regions_Central_Greece.png

Die Perser erreichten Eretria, brachten ihre Pferde an Land und bereiteten sich auf die Schlacht vor. Doch die Eretrier verschanzten sich innerhalb ihrer Stadtmauern. Nach sieben Tagen Belagerungskrieg verrieten zwei Eretrier ihre Stadt, indem sie ein Tor für die Perser öffneten. Sie strömten in die Stadt, plünderten sie und brannten die Tempel nieder – als Vergeltung für die Plünderung und Brandschatzung der heiligen Stätten von Sardes. Auf Dareios' Befehl hin versklavten die Perser die Bevölkerung. Innerhalb weniger Tage segelten die Perser den südlichen Euböischen Golf hinunter in Richtung Athen, ihrem nächsten Ziel, und waren zuversichtlich, dass sie einen ähnlichen Sieg erringen würden.

Als die Perser auf dem Weg zu ihnen waren, schickten die Athener Phillippides, einen Langstreckenläufer, nach Sparta, um ihnen zu berichten, dass Eritrea an die Perser gefallen war. Die Spartaner stimmten der Bitte der Athener um Hilfe zu, konnten aber nicht sofort kommen. Sie feierten gerade die Karneia, ein Fest, und konnten nicht in den Krieg ziehen, bevor der Mond voll war. Die Einwohner von Plataiai, einer Stadt nördlich von Athen, schickten den Athenern jedoch ein Heer von eintausend Mann. Trotz dieser Verstärkung waren die Perser den Griechen zahlenmäßig immer noch weit überlegen, aber die Athener hatten einige Tricks in petto.

Die Wahl der Schlachten ist immer eine gute Idee, aber die Wahl des Schlachtfelds kann ebenso entscheidend sein. Als die Athener ihr Schlachtfeld auswählten, hatten sie mehrere Variablen im Sinn. Sie hätten warten können, bis die Perser nach Athen kamen. Stattdessen marschierten sie fünfundzwanzig Meilen über die Halbinsel, um die Perser in Marathon am südlichen Golf von Euböa zu treffen. Sie wussten einige Dinge über die Geografie des Landes, die den Persern nicht bekannt waren.

Die Perser hatten in Marathon geankert und wollten mit ihren Pferden durch das Tal zwischen den Bergen reiten und Athen belagern. Dies war der schnellste Weg von Eretria nach Athen, und sie mussten sich nicht der Gefahr von Stürmen aussetzen, indem sie auf das offene Meer hinaus segelten und die Halbinsel umrundeten. Sie waren ein wenig erschrocken, als sie von den Athenern empfangen wurden, zuckten aber mit den Schultern. Eine Landschlacht würde schneller gehen als eine Belagerung der Stadt.

Die Athener trugen die Schlacht in das sumpfige, bergige Gelände von Marathon.

Seisma, CC BY-SA 4.0 <https://creativecommons.org/licenses/by-sa/4.0>, via Wikimedia Commons; https://commons.wikimedia.org/wiki/File:Marshlands_of_Marathon,_with_Pentelikon_mountains_in_the_back ground.jpg

Das Land um Marathon war sumpfig und mit Schlammgruben übersät, die einen Menschen verschlucken konnten. Die Ausläufer der Berge reichten bis zur Küste hinunter. Die Perser, die erfahrene Reiter waren, hatten geplant, ihre Kavallerie einzusetzen, aber die Pferde konnten sich nicht gut bewegen. Entweder blieben sie im Sumpf stecken oder mussten über Bergrücken und durch bewaldete Gebiete klettern. Die Athener setzten keine Pferde ein, sie kämpften zu Fuß.

Die Griechen stellten sich in ihrer berühmten Phalanx-Formation auf. Reihen von Soldaten standen Schulter an Schulter, hielten ihre Schilde so, dass sie sich auf beiden Seiten leicht überlappten, und streckten ihre langen Lanzen aus. Mindestens drei Reihen von Männern standen hinter der vorderen Reihe, und die hinteren drängten die vorderen mit ihren Schilden. Es war wie ein gigantischer Bulldozer mit acht Fuß langen Lanzen, die den Feind zermalmten und aufspießten.

Da die Griechen das Terrain kannten, stellten sie ihre Formation so auf, dass sie den bestmöglichen Vorteil hatten: eine kilometerlange Linie von Soldaten auf einem Bergrücken abseits der Schlammgruben. Dies war das erste Mal, dass die Griechen den Persern gegenüberstanden, zuvor hatten sie sich sofort ergeben oder waren geflüchtet. Die Perser sahen sich die spärliche griechische Streitmacht an und lachten. „Diese verrückten

Athener! Sie haben keine Pferde und keine Bogenschützen, und sie haben nur eine Handvoll Männer. Sie sind wahnsinnig!"

Normalerweise marschierten die Männer in einer Phalanx-Formation gemessenen Schrittes über das Schlachtfeld und setzten in einem Abstand von fünfzig Fuß zum Feind zum Lauf an. Doch die Athener rannten mit voller Geschwindigkeit die ganze Meile über den Kamm und die kleine Ebene hinunter, um mit den Persern zusammenzutreffen. Die Perser waren von dieser Geschwindigkeit überrascht, und ihre Bogenschützen schafften es gerade noch, ein oder zwei Salven abzuschießen, bevor die Griechen über ihnen waren.

Die Mitte der griechischen Linie war dünn, nur vier Mann stark, aber die linke und rechte Flanke war mit acht Mann stark besetzt. Die persischen Truppen brachen durch die Mitte, aber die Athener schlossen die Lücke hinter ihnen und schnitten die Perser vom Rest ihrer Armee ab. Die Griechen an den Flanken überrannten die Perser und kesselten sie ein. Die Perser hatten noch nie mit Phalanx-Manövern zu tun gehabt, waren verwirrt und gerieten in Panik.

Schließlich drehten die persischen Truppen um und rannten wie wild davon. In ihrer Verzweiflung rannten einige in die Sümpfe und wurden von den Schlammlöchern verschluckt. Die Athener folgten ihnen, umgingen aber den Sumpf und schlugen jeden nieder, der es durch den Sumpf zum Strand schaffte. Der größte Teil des persischen Heeres stürzte sich auf den Strand, gefolgt von den unerbittlichen Griechen, die sie von hinten niederstreckten.

Die Athener stürzten sich hinter den fliehenden Persern ins Meer, setzten einige der Schiffe in Brand und kaperten sieben Schiffe. Die übrigen Schiffe stießen mit den Persern ab, denen es gelungen war, an Bord zu klettern. Die Griechen zählten an diesem Tag 6.400 persische Leichen auf dem Schlachtfeld, nicht eingerechnet die unbekannte Zahl derer, die im Morast versunken waren und nie wiedergesehen wurden. Die Athener hatten nur 192 Opfer zu beklagen, die Plataier verloren 11 Männer.

Der Tumulus der Athener ist ein Grabhügel für die 192 Athener, die in der Schlacht von Marathon gefallen sind.

Die Perser hatten die versklavten Eretrier auf einer Insel im Golf zurückgelassen. Ihre verbliebenen Schiffe segelten zu der Insel, um die Eretrier abzuholen, und fuhren dann nach Süden. Die Athener, die an der Küste feierten, erkannten plötzlich ihren Plan. Die Perser würden um die Halbinsel Attika herumsegeln und dann in den Saronischen Golf hinauf nach Athen. Nun gerieten die Griechen in Panik. Was, wenn die persische Flotte Athen erreichen würde, bevor sie die fünfundzwanzig Meilen zu Fuß zurücklegen konnten?

Obwohl die Athener von der langwierigen Schlacht des Tages erschöpft waren, eilten sie die fünfundzwanzig Meilen zurück nach Athen und stolperten nach Einbruch der Nacht durch die Dunkelheit. Am nächsten Tag erreichten sie ihre Stadt wieder, bevor die persischen Schiffe sie erreichten. Die griechische Armee schlug ihr Lager beim Heiligtum des Herakles auf, und als die persische Flotte in den Saronischen Golf segelte, konnten sie auf den Klippen Lagerfeuer lodern sehen. Die Perser warfen vor Piräus, dem Hafen von Athen, Anker und überdachten ihre Optionen.

Sie hatten kaum eine Wahl. Die Spartaner konnten jeden Moment auftauchen, so dass eine Belagerung undurchführbar war. Nachdem sie vor der Küste gelegen hatten, lichteten die Perser abrupt den Anker und segelten nach Hause. Am nächsten Tag marschierten die Spartaner endlich ein, denn es war Vollmond. Sie kamen zu spät, um bei den Kämpfen zu helfen, aber sie waren begeistert von dem großen Sieg und wollten das Schlachtfeld und die persischen Leichen sehen. Danach gratulierten sie den Athenern zu ihrem herausragenden Sieg und machten sich auf den Heimweg.

Unter den zehn griechischen Generälen, die die athenischen Streitkräfte anführten, war auch Miltiades, der geniale Erfinder der bei Marathon angewandten Strategien. Obwohl er sich über den Sieg der athenischen Infanterie freute, erkannte Miltiades, dass Athen unbedingt seine Flotte ausbauen musste, denn schließlich würden die Perser zurückkommen. Ein anderer General, Themistokles, einer der führenden Bürger Athens, setzte sich ebenfalls für den Ausbau der athenischen Flotte ein. Zweihundert neue Triremen wurden gebaut. Von diesem Zeitpunkt an war Athen für seine nahezu unbezwingbare Flotte bekannt.

Als die persischen Generäle Datis und Artaphernes Persien erreichten, sahen sie sich dem Zorn des Königs Dareios ausgesetzt. Aber wenigstens hatten sie die Eretrier, die sie versklavt hatten. Die Armee brachte sie auf dem Landweg durch die Wüste zu Dareios' Palast in Susa. Dareios war wütend gewesen, als Eretria und Athen Sardes angriffen und den Ionischen Aufstand unterstützten. Doch als er die Männer, Frauen und Kinder aus Eretria sah, die nach ihrer monatelangen Reise erschöpft und müde waren, empfand er nur Mitleid. Er siedelte sie in sein Landgut Ardericca in der fruchtbaren Region Cissia um, wo sie bis zum Ende des Achämenidenreiches lebten, und ihren griechischen Dialekt und ihre Bräuche beibehielten.

Dareios war in der Tat wütend über die katastrophale Niederlage bei Marathon und noch stärker darauf bedacht, Athen vom Angesicht der Erde zu tilgen. Er begann sofort mit den Vorbereitungen für eine neue Invasion. Er erhöhte die Steuern, ließ neue Schiffe bauen und sammelte Männer, Pferde und Vorräte. Das persische Reich war drei Jahre lang mit den Vorbereitungen beschäftigt, doch dann revoltierten die Ägypter und Dareios sah sich zwei Fronten gegenüber, gegen die er marschieren musste.

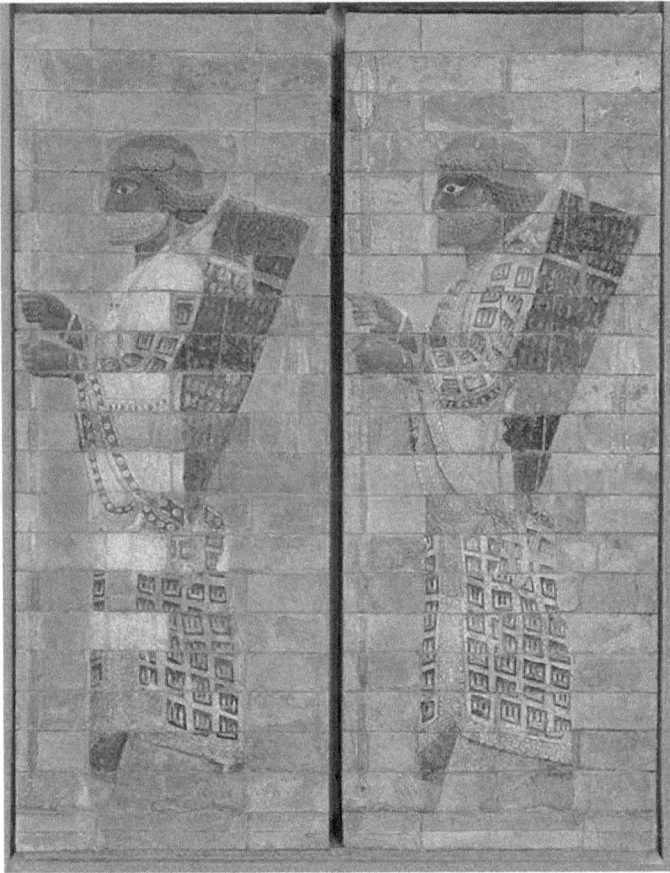

Dieser Fries aus dem Palast von Dareios I. in Susa zeigt die Elite der persischen Bogenschützen.

Dareios beabsichtigte, seine Armeen dieses Mal selbst zu führen, zunächst nach Ägypten und dann nach Griechenland. Allerdings musste er erst die Frage der Nachfolge regeln. Welcher seiner Söhne sollte sein Nachfolger werden, falls er auf dem Schlachtfeld fiel? Er hatte drei Söhne von seiner ersten Frau und vier Söhne von seiner zweiten Frau, Atossa, der Tochter von Kyros dem Großen. Obwohl sein Sohn Artabazanes der älteste aller Söhne war, ernannte er Xerxes, den ältesten Sohn von Atossa, zu seinem Kronprinzen. Er war der Enkel von Kyros dem Großen, dem Helden der Perser. Niemand würde Xerxes' Abstammung von der Achämeniden-Dynastie in Frage stellen.

Bevor Dareios seine Armeen in den Krieg führen konnte, starb er unerwartet nach sechsunddreißigjähriger Herrschaft. Xerxes war nicht besonders erpicht darauf, in Griechenland einzumarschieren, da er die ägyptische Angelegenheit für wichtiger hielt. Warum sollte er das reiche und fruchtbare ägyptische Ackerland verlieren, das sein Onkel Kambyses mühsam erobert hatte? Doch General Mardonios, Xerxes' Cousin, überzeugte ihn nach und nach davon, die Pläne seines Vaters für Griechenland zu verwirklichen.

„Wir können sie nicht einfach mit dieser Farce davonkommen lassen. Wir müssen uns zuerst um Ägypten kümmern, aber wir müssen auch Athen angreifen, um unser Gesicht zu wahren. Wenn wir diese Stadt in Schutt und Asche legen, wird es kein anderes Land mehr wagen, uns anzugreifen! Und denkt an all den Reichtum, den Griechenland uns bringen wird. Sie haben Olivenbäume und Obstbäume aller Art. Nur ein so großer Mann wie Ihr seid würdig, ein so schönes Land zu besitzen!"

Und so begann Xerxes, seine eigene Invasion Griechenlands zu planen, fest entschlossen, dort erfolgreich zu sein, wo sein Vater versagt hatte.

Kapitel 7: Der Feldzug Xerxes' I.

König Xerxes hatte ein Problem mit einem Geist.

Im Jahr nach dem Tod seines Vaters marschierte er gegen Ägypten und schlug den Aufstand nieder, dann setzte er seinen Bruder Achämenes als Ägyptens Satrapen ein. Jetzt war es an der Zeit, den Wunsch seines Vaters zu erfüllen und Athen auszulöschen, also rief er seinen Kriegsrat ein, um die Pläne zu besprechen.[25]

„Ich beabsichtige, eine Brücke über die Dardanellen zu schlagen, nach Griechenland hineinzumarschieren und mich an Athen für seine teuflischen Taten gegen Persien und meinen Vater zu rächen. Ich werde nicht eher ruhen, bis Athen niedergebrannt ist! Wir werden das Persische Reich nach Europa ausdehnen so weit der Himmel reicht. Wir werden die gesamte Menschheit unter unser Joch bringen und das Reich sein, in dem die Sonne nicht untergeht!"

Die Perser saßen in fassungslosem Schweigen da und trauten sich nicht, etwas zu sagen, bis Xerxes' Onkel, Artabanos, es wagte zu sprechen:

„Ich warnte meinen Bruder Dareios, gegen die Skythen zu kämpfen, aber er tat es trotzdem und verlor einige seiner mutigsten Krieger. Die Skythen, so wild sie auch sein mögen, verblassen im Vergleich mit den Griechen. Und schon der Weg nach Griechenland weist alle möglichen Gefahren auf. Vergesst nicht den schrecklichen Sturm, der Dareios' Flotte dezimierte und die blutrünstigen Stämme, die Mardonios' Armee angriffen. Und jetzt haben die Athener ihre eigene Flotte aufgebaut! Sie

---

[25] Herodotus, *The Histories: Book Seven.*

könnten uns auf See besiegen oder unsere Brücke über den Hellespont zerstören. Wir sind schon zuvor nur knapp einer Katastrophe entgangen, als dein Vater den Bosporus mit einer Schwimmbrücke überquerte."

Xerxes antwortete: „Artabanos, du bist der Bruder meines Vaters, aber du bist ein Feigling. Wir brauchen dich nicht, um gegen die Griechen zu kämpfen. Du kannst mit den Frauen hierbleiben. Ich sage euch, wenn wir nicht den ersten Schlag führen, werden die Griechen bei uns einfallen! Es gibt keine Alternative: entweder marschieren wir ein oder sie!"

Trotz seiner Tapferkeit dachte Xerxes abends in seinem Bett noch einmal über die Worte seines Onkels nach. Sein Onkel hatte recht, es war töricht, in Griechenland einzumarschieren. Aber als er einschlief, sah er einen Geist, der ihn fragte: „Hast du wirklich deine Meinung geändert, Perser? Du musst deinem ursprünglichen Plan folgen!"

Doch am nächsten Tag berief Xerxes seinen Kriegsrat ein. „Männer! Gestern sprach ich unbedacht und brachte meinem Onkel nicht den Respekt entgegen, den er verdient. Ich habe meine Meinung über die Invasion Griechenlands geändert."

In dieser Nacht erschien der Geist wieder. „Wisse dies! Wenn du nicht gegen Griechenland marschierst, wirst du eine Katastrophe erleben!"

Voller Schrecken sprang Xerxes aus dem Bett und rief seinen Onkel Artabanos. „Ein Geist sucht mich heim und droht mir mit Ungemach, wenn ich nicht gegen Griechenland ziehe. Vielleicht ist es nur ein Traum meiner eigenen Vorstellungskraft. Lass' uns eine Probe machen. Lege dich in mein Bett. Wenn das Wort von Gott kommt, wirst du den Geist ebenfalls sehen."

Also legte sich Artabanos zum Schlafen in das Bett seines Neffen und der Geist erschien und sagte: „Du! Du gibst vor, in Sorge um Xerxes zu sein, indem du ihn vor dem Angriff auf die Griechen warnst. Du wirst deinem Urteil nicht entgehen: nicht jetzt und nicht in der Nachwelt."

Als der Geist versuchte, Artabanos' Augen mit einem glühenden Schüreisen auszustechen, schrie er auf und rannte zu Xerxes. „Ich habe meine Ansicht geändert! Das Schicksal hat es bestimmt. Marschiere gegen Griechenland!"

Xerxes war ein akribischer Planer und verbrachte vier Jahre damit, sich auf den Angriff gegen Griechenland vorzubereiten. Die Nationen in seinem Reich schafften herbei, was benötigt wurde: Kriegsschiffe, Transportschiffe, Pferde, eine Million Männer und Vorräte. Er befahl seinen Ingenieuren zwei staunenswerte Dinge fertigzubringen. Das erste war der Bau einer Brücke über den Hellespont (die Dardanellen), wo Asien und Europa zwischen der Ägäis und dem Marmarameer zusammentrafen.

Der Hellespont ist 1.200 Meter breit und an seiner engsten Stelle 90 Meter tief. Der Bau einer herkömmlichen Brücke mit Pfeilern über so tiefes Wasser war unmöglich. Stattdessen banden seine Ingenieure 674 Schiffe aneinander. Sie legten Holzplanken über die Decks der Schiffe und bildeten so zwei Bahnen, über die Xerxes' Armee marschieren konnte. Es dauerte Monate, aber sie waren gerade fertig, als Xerxes sie 480 v. u. Z. mit seinem Millionenheer aus allen Nationen des Achämenidenreiches erreichte.

In diesem Moment brach ein heftiger Sturm über die Region herein, der das Wasser aufwirbelte und die Brücke zersplittern ließ. Xerxes tobte. Er enthauptete seine Ingenieure und befahl seinen Männern sogar, das Wasser mit dreihundert Peitschenhieben zu bearbeiten und mit glühenden Eisen zu brandmarken! Dieser Rückschlag zwang die übergroße Armee, in Sardes zu überwintern, während die Brücke wiederaufgebaut wurde. Einige seiner Offiziere müssen sich gefragt haben, warum sie nicht einfach die 674 Schiffe benutzten, um die Männer überzusetzen. Warum mussten sie zu Fuß gehen?

Schließlich bauten seine phönizischen Arbeiter die Brücke wieder zusammen, und Xerxes' eine Million Mann starkes Heer marschierte hinüber. Es dauerte sieben Tage und sieben Nächte. In der Zwischenzeit segelte die Flotte von 1.200 Schiffen an der Ägäisküste entlang. Xerxes' zweites technisches Wunderwerk war eine neue Durchfahrt für die Schiffe. Jahre zuvor hatte ein schrecklicher Sturm die Flotte seines Vaters bei dessen erstem Versuch einer Invasion Griechenlands verwüstet, als sie um die Halbinsel Athos herumsegelte. Xerxes löste das Problem, indem er durch die Halbinsel segelte. Seine Männer hatten drei Jahre lang an einem 1,6 Kilometer langen Kanal durch den Landstreifen gegraben. Wieder einmal müssen sich einige seiner Männer den Kopf zerbrochen haben. Warum sollte man drei Jahre mit dem Bau eines Kanals verschwenden? Die Schiffe müssten immer noch durch die Ägäis segeln, um Athen oder Sparta zu erreichen. Gab es dort nicht auch Stürme?

Xerxes führte sein kolossales Landheer vom Hellespont nach Thrakien, dann durch Thessalien und nach Griechenland. Die griechischen Stadtstaaten leisteten dem persischen Heer keinen Widerstand, bis es die Felsen von Trachis erreichte, einem schroffen und unzugänglichen Gebirge, das den Weg nach Athen und Sparta in

Südgriechenland versperrte. Soweit die Perser wussten, war der einzige Weg dorthin der Thermopylen-Pass, aber etwa sechstausend Griechen versperrten ihnen den Zugang. Doch was konnten sechstausend Krieger gegen eine Streitmacht von einer Million ausrichten?

Wieder einmal hatten sich Sparta und Athen verbündet, um ihrem gemeinsamen Feind entgegenzutreten, und Theben, Arkadien, Korinth und andere griechische Städte schlossen sich ihnen an. Angeführt von König Leonidas von Sparta blockierten die Griechen den engen Gebirgspass, der Südgriechenland bewachte. Der Küstenpass war schmal: nur sechs Meter breit von der sumpfigen Küste Golfs von Malia bis zu den steilen Klippen des Kallidromogebirges, und er erstreckte sich über 6,5 Kilometer. Vom Berg bis zum Meer verliefen die bröckelnden Ruinen einer antiken Verteidigungsmauer, die die Griechen vor der Ankunft der Perser so gut wie möglich befestigt hatten.

König Xerxes marschierte in das Tal, betrachtete die hohen Berge und die kleine griechische Streitmacht und setzte sich hin, um zu warten. Die Griechen würden entsetzt davonlaufen, sobald sie begriffen, wie viele Männer sich hinter Xerxes aufstellten. Vier Tage vergingen, und die Spartaner blieben entschlossen. Xerxes rief Demaratos, den ehemaligen spartanischen König, der nach seiner Entthronung aufgrund von Gerüchten über seine Unehelichkeit nach Persien übergelaufen war.

„Was machen diese verrückten Spartaner?" fragte Xerxes.

„Ich habe Euch schon von ihnen erzählt. Sie sind die größten Krieger Griechenlands. Wenn Ihr diese Schlacht gewinnen könnt, wird sich kein anderer Grieche gegen euch stellen."

Also schickte Xerxes seine Gesandten zu der griechischen Koalition. Sie überbrachten seine Botschaft: „Dies ist eure letzte Gelegenheit, ein Blutvergießen zu vermeiden. Legt einfach eure Waffen nieder."

Leonidas knurrte: „Kommt und holt sie euch!"

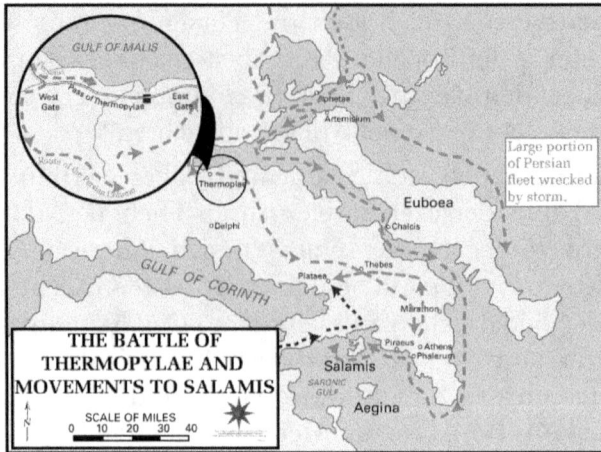

Diese Karte zeigt den Weg des Landheeres und der Flotte von Xerxes.

Normalerweise wären sechstausend Krieger gegen eine Million zum Scheitern verurteilt gewesen. Die Enge des Raumes und die vorhandene Mauer erlaubten es den Griechen jedoch, den Eingang zum Pass in Phalanx-Formation vollständig zu blockieren. Schulter an Schulter stehend, mit leicht überlappenden Schilden und Tausenden von Kameraden im Rücken, hielten die streng disziplinierten Spartaner die Linie. Wenn ein Mann fiel, trat ein anderer schnell an seine Stelle.

Die übliche persische Kampftaktik bestand darin, so viele Pfeilsalven abzuschießen, dass sich der Himmel verdunkelte, gefolgt von einem Angriff der Kavallerie. Doch die Griechen trugen Bronzehelme und -rüstungen und hielten schwere Bronzeschilde. Die Männer in der ersten Reihe standen hinter der alten Verteidigungsmauer und schützten mit ihren Schilden ihr Gesicht und ihre Brust vor den Pfeilen. Die Männer hinter ihnen bildeten ein bronzenes Dach mit überlappenden Schilden, das die Pfeile nicht durchdringen konnten. Die langen Lanzen, die aus der ersten Reihe der Griechen herausragten, hielten die persischen Fußsoldaten mit ihren Dolchen und Streitäxten ab, da sie nur Weidenschilde als Schutz hatten. Die bröckelnde Mauer, die bis zum Meer reichte, verhinderte, dass die Pferde der Perser angreifen konnten. Die sechstausend Griechen hielten das persische Heer zwei Tage lang erfolgreich in Schach, selbst die schwer bewaffneten zehntausend persischen Unsterblichen.

Doch am dritten Tag verriet ein Grieche einen Weg, der von Hirten benutzt wurde. Er war zu schmal für eine große Division, aber Xerxes schickte ein Regiment über den Berg, um die Griechen von hinten anzugreifen. Leonidas sah sie kommen und schickte einen Zug, um sie aufzuhalten, während er ein weiteres Kontingent zurückbehielt, um den Hauptpass weiter zu blockieren. Dann befahl er dem Rest des Heeres, sich in Sicherheit zu bringen. Sie mussten am Leben bleiben, um die nächste Schlacht zu bestehen. König Leonidas und seine 1.400 verbliebenen Männer kämpften gegen die persischen Horden und opferten sich bis zum letzten Mann, damit der Rest des Heeres entkommen konnte.

Während Griechen und Perser bei den Thermopylen kämpften, segelte die persische Flotte mit 1.200 Schiffen nach Griechenland. In Erwartung eines Seeangriffs segelte die frisch instandgesetzte Flotte der Athener, die aus zweihundert Schiffen bestand, zusammen mit den Schiffen ihrer Verbündeten in die Ägäis, um die Perser aufzuhalten. Auf der persischen Seite befehligte Königin Artemisia von Halikarnassos (einer griechischen Kolonie an der westtürkischen Küste) fünf Triremen.

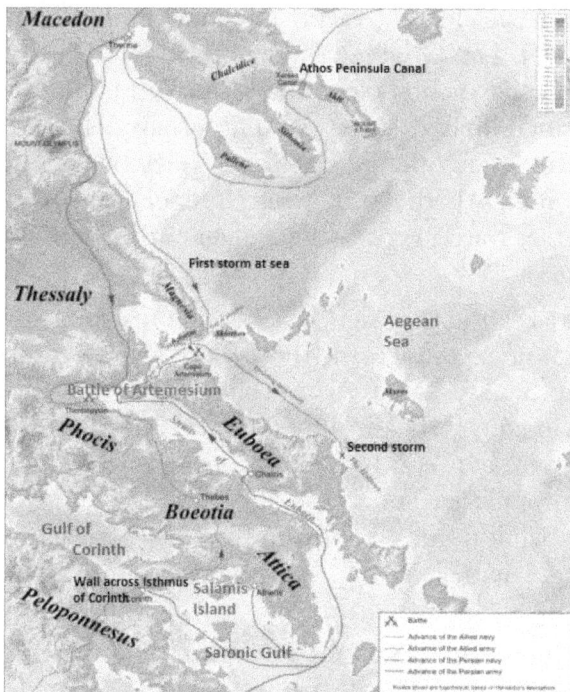

Die Karte zeichnet den Kurs von Xerxes' Flotte entlang der griechischen Küste nach.

Die persische Flotte durchquerte den von Xerxes neu gebauten, eine Meile langen Kanal durch die Athos-Halbinsel ohne Zwischenfälle, musste aber noch in die Ägäis segeln, um Griechenland zu erreichen. In diesem Moment brach vor der nordgriechischen Küste von Magnesia ein Sturm los, der ein Drittel der Schiffe versenkte. Die athenische und ein Teil der korinthischen Flotte waren an der Straße von Artemision stationiert, um die Einfahrt in den Golf von Euböa zu verhindern. Sie lachten, als sie hörten, dass ein Sturm die persische Flotte schwer getroffen hatte. Sie lachten noch mehr, als sich der Sturm vor der Küste Euböas wiederholte und weitere zweihundert persische Schiffe Schiffbruch erlitten. Nachdem Xerxes drei Jahre lang einen Kanal gebaut hatte, verlor er trotzdem die Hälfte seiner Flotte!

Themistokles befehligte die athenische Flotte, die in der Meerenge von Artemision gegen die verbleibende Hälfte der persischen Flotte kämpfte. Obwohl die Perser die Hälfte ihrer Schiffe verloren hatten, waren sie den athenischen und korinthischen Schiffen zahlenmäßig immer noch überlegen. Aber sie hatten nicht mit der innovativen Seetaktik der Athener gerechnet. Die Griechen bildeten mit ihren Schiffen einen Kreis, bei dem die Hecks dicht beieinanderlagen und die Buge nach außen zeigten, um unangreifbar zu sein. Dann unternahmen mehrere griechische Schiffe unerwartete Angriffe auf die persische Flotte und konnten dreißig Triremen erbeuten. Als die Nacht hereinbrach, zogen sich beide Seiten zurück. Die Perser waren verunsichert, dies war nicht der leichte Sieg, den sie erwartet hatten.

Am zweiten Tag setzten sich die Griechen erneut durch. Doch am dritten Tag gewannen die Perser die Oberhand, als ägyptische Seeleute fünf griechische Schiffe kaperten und die Hälfte der übrigen Schiffe der Athener beschädigten. Obwohl beide Seiten Verluste erlitten, konnte es sich die kleinere griechische Flotte nicht leisten, viele Schiffe zu verlieren. Zu diesem Zeitpunkt erhielten sie die Nachricht, dass die Perser die spartanische Koalition am Thermopylenpass besiegt hatten und nach Südgriechenland vorstießen.

Die griechische Flotte wendete abrupt und segelte mit voller Geschwindigkeit zur Insel Salamis im Saronischen Golf, eine Meile von Athens Hafen Piräus entfernt. Sie mussten ihre Stadt schützen! Die Athener hatten bereits damit begonnen, die Bürger auf die Insel Salamis zu evakuieren, und die athenische Flotte half, die verbliebenen Bürger auf Salamis in Sicherheit zu bringen. Auch die korinthische und die spartanische Flotte legten in Salamis an. In den nächsten Tagen trafen weitere Schiffe aus ganz Griechenland und Makedonien ein.

Xerxes marschierte in Athen ein und fand es beinahe verlassen vor. Seine Truppen plünderten die antike Stadt, töteten alle verbliebenen Griechen und brannten die prächtigen Tempel auf der Akropolis nieder. Die meisten Bürger Athens waren auf der Insel Salamis unerreichbar, und so beschloss Xerxes, nach Sparta auf der Halbinsel Peloponnes zu marschieren. Doch um auf den Peloponnes zu gelangen, musste er die Landenge von Korinth überqueren. Die Spartaner und andere Peloponnesier hatten diesen Schritt vorausgesehen und eine stark befestigte, vier Meilen lange Mauer vom Saronischen Golf bis zum Golf von Korinth errichtet. Verärgert schlug Xerxes sein Lager auf und bereitete sich darauf vor, die korinthische Mauer zu belagern.

Die spartanisch-athenische Koalition hielt auf der Insel Salamis einen Kriegsrat ab. Die Athener waren auf der Insel sicher, aber Sparta und der Rest des Peloponnes waren in großer Gefahr. Wie lange konnten die Korinther und Spartaner die Landenge von Korinth gegen das Millionenheer der Perser halten? Es war nur eine Frage der Zeit, bis die Perser durchbrachen und alle Stadtstaaten des Peloponnes verwüsteten.

„Wir müssen Xerxes von der Mauer weglocken", sagten die Spartaner. „Aber wie?"

Themistokles, der gewiefte Seekommandant Athens, beugte sich vor. „Wir werden ihn hierherbringen! Wir werden ihn in eine Seeschlacht gegen Salamis locken."

Die anderen athenischen Heerführer protestierten. „Aber unsere Frauen und Kinder sind hier! Wir haben keine schützenden Mauern! Seine Flotte ist größer als unsere. Das ist Wahnsinn!"

Themistokles lächelte. „Keine Sorge, ich habe einen Plan. Die Perser werden niemals einen Fuß auf diese Insel setzen. Die persische Flotte mag auf dem offenen Meer stärker sein, aber unsere Schiffskapitäne sind geschickte Navigatoren auf engem Raum. Wir werden einen Hinterhalt für seine Flotte vorbereiten."

Die Spartaner und Athener waren ein wenig skeptisch, aber sie vertrauten Themistokles' Instinkten. Nun musste Themistokles den Köder für Xerxes auslegen. Er schickte seinen Boten zu den Persern, der ihnen sagte: „Der Admiral der athenischen Flotte hat mich privat zu euch geschickt. Die anderen Griechen wissen nicht, dass ich hier bin. Themistokles unterstützt insgeheim die Perser und lässt euch wissen, dass die Griechen verwirrt und in Panik sind und die Flucht aus Salamis planen. Sie können sich nicht einigen, was zu tun ist, und sie sind so aufgewühlt, dass sie dir keinen Widerstand leisten werden. Es kann sogar passieren, dass sie sich untereinander bekämpfen."

Xerxes freute sich über diese Nachricht und befahl seinen vierhundert Schiffen, in den Saronischen Golf zu segeln. Aber Königin Artemisia warnte ihn: „Warte! Es ist riskant, in der Meerenge von Salamis zu kämpfen, die Griechen werden dort im Vorteil sein."

Obwohl Xerxes großen Respekt vor Königin Artemisia hatte, hörte er nicht auf ihre Warnung. Er befahl seinen Männern, seinen weißen Marmorthron auf dem Gipfel des Berges Aigaleo mit Blick auf den Saronischen Golf aufzustellen, um die Schlacht aus der Vogelperspektive beobachten zu können. Er war so zuversichtlich, die „demoralisierten" Griechen zu besiegen, dass er sogar Boten nach Persien schickte, die einen großen Triumph ankündigten, bevor es zur Schlacht kam.

Xerxes wusste nicht, dass sich eine beträchtliche Seestreitmacht aus ganz Griechenland im Saronischen Golf versammelt hatte und hinter den Inseln versteckt hielt. Als die persische Flotte in den Saronischen Golf segelte, sahen sie nur fünfzig korinthische Schiffe. Während die Perser auf die kleine Flotte zusteuerten, schlüpften die Korinther durch die Meerenge zwischen Salamis und dem Festland in die Bucht von Eleusis, während die Perser sie verfolgten.

Es war eine Falle! Die übrigen griechischen Schiffe kamen aus ihren Verstecken hervor. Sie segelten in Richtung Salamis, blockierten die Meerenge und kesselten die persische Flotte in der Bucht von Eleusis ein, so dass es kein Entkommen und keinen Raum für ihre üblichen Manöver gab. Als die vorderen Schiffe der persischen Flotte sahen, was vor sich ging, versuchten sie auszuweichen, wurden aber von ihren eigenen Schiffen hinter ihnen gerammt. Während Xerxes von seinem Thron auf dem Berggipfel entsetzt zusah, rammten die Griechen die persischen Schiffe immer wieder mit ihren Rammböcken und zerstörten sie. Xerxes' Bruder, General Ariabignes, kam dabei ebenso ums Leben wie viele andere Mitglieder der persischen Flotte, die ertranken, als ihre Schiffe sanken. Das Meer war übersät mit Schiffswracks und schwimmenden Leichen. Die meisten der seefahrenden Griechen waren ausgezeichnete Schwimmer, und selbst wenn ihre Boote sanken, konnten sie sich in Sicherheit bringen. Die Griechen waren besonders erpicht darauf, Königin Artemisia gefangen zu nehmen, da sie es als Beleidigung ansahen, dass eine Frau gegen sie kämpfte, und noch dazu eine Griechin! Doch Artemisia entkam. Der große Triumph von Salamis war ein Wendepunkt im Konflikt zwischen Persien und Griechenland. Griechenland war in der Defensive gewesen, und nun hatte sich das Blatt gegen Persien gewendet.

Während Xerxes das Debakel von oben beobachtete, wütend war und allen die Schuld gab, kam ihm plötzlich ein erschreckender Gedanke in den Sinn. Was würde die Griechen davon abhalten, zum Hellespont zu segeln und seine Brücke zu zerstören? Sein Millionenheer würde in Europa festsitzen, und die Lebensmittel waren ihm bereits ausgegangen. Er musste sein Heer zurück nach Asien bringen. Währenddessen fragte sich sein Cousin Mardonios, ob Xerxes ihn dafür bestrafen würde, dass er ihn zur Invasion Griechenlands überredet hatte. Vielleicht könnte er sich rehabilitieren.

„Edler König, ich halte es für das Beste, wenn du schnell nach Persien zurückkehrst. Ihr habt Euer Ziel, Athen zu plündern und niederzubrennen, erreicht. Ihr habt gewonnen! Lasst mir 300.000 Mann zurück, und ich werde im Frühjahr den Rest Griechenlands für euch versklaven."

Xerxes winkte der Königin Artemisia zu sich und fragte sie nach ihrer Meinung.

„Ich stimme Mardonios zu. Wenn er nächstes Jahr Griechenland gewinnt, gehört der Ruhm dir. Wenn er es nicht tut, ist es seine Schande. Jetzt ist es an der Zeit, dass du im Triumph nach Hause marschierst, nachdem du Athen niedergebrannt hast, was der Hauptzweck dieser Expedition war."

Xerxes marschierte mit zwei Dritteln seines Landheeres nach Hause, von denen viele unterwegs an Hunger und der Ruhr starben. Als sie am Hellespont ankamen, hatte ein Sturm die Brücke erneut beschädigt, so dass sie auf ihre Schiffe warten mussten, die sie übersetzen sollten. Mardonios und die 300.000 Mann überwinterten in Thessalien, während er seinen Angriff auf Griechenland im Frühjahr plante. Einen Landangriff auf den Peloponnes wollte er wegen der Mauer am Isthmus von Korinth nicht wagen. Aber er erhielt die Nachricht, dass die Athener in ihre Stadt zurückgekehrt waren.

Im Frühjahr marschierte Mardonios nach Athen. Die Athener flohen erneut nach Salamis, aber Mardonios machte die Stadtmauern, Häuser und Tempel, die beim ersten Angriff stehen geblieben waren, dem Erdboden gleich. Doch dann kam ein massives Koalitionsheer aus Spartanern und anderen griechischen Verbündeten zur Verteidigung Athens. Mardonios zog sich mit seinem Heer schnell nach Böotien in

Mittelgriechenland zurück, wo er in der brutalen Schlacht von Plataiai gegen die Spartaner kämpfte.

Die Spartaner hatten sich in den Bergen rund um die Ebene, in der sich Mardonios und seine Männer befanden, positioniert, so dass die persische Kavallerie sie nur schwer erreichen konnte. Mardonios gelang es, ihre Versorgungslinien zu unterbrechen, so dass sie ohne Nahrung und Wasser waren, aber dann wendeten die Spartaner eine ihrer alten Finten an. Sie gaben vor, aus dem Gebiet zu fliehen. Als die Perser sie verfolgten, drehten die Spartaner plötzlich um und bildeten ihre tödliche Phalanx-Formation. Wieder einmal konnten die Perser den Manövern der Spartaner nicht standhalten und flohen, während der Rest der griechischen Koalition aus den Hügeln strömte und 260.000 persische Soldaten niedermetzelte. Nur vierzigtausend überlebten und humpelten nach Persien zurück.[26]

Wie Königin Artemisia gesagt hatte, gehörte der Ruhm der Eroberung Athens Xerxes, aber die Schande der Katastrophe von Plataiai gehörte Mardonios, der in der Schlacht ums Leben kam. Und noch ein weiteres Fiasko sollte sich später am selben Tag ereignen.

---

[26] Herodotus, *The Histories: Book Eight.*

Kapitel 8: Die Nachwirkungen und der Kalliasfrieden

Die ionischen Griechen standen unter der Herrschaft des Achämenidenreiches, aber wo lag ihre wahre Loyalität? Waren sie loyal gegenüber König Xerxes oder ihrem angestammten Heimatland Griechenland jenseits der Ägäis? Diese Frage kam während der Seeschlacht von Salamis auf, als Teile der persischen Flotte auch ionische Schiffe umfassten, die mit Griechen bemannt waren und unter griechischen Kapitänen segelten. Einige Phönizier, die Schiffbruch erlitten, kletterten den Berg zu Xerxes' Thron hinauf und beschuldigten die ionischen Griechen des Verrats. Aber Xerxes beobachtete die Kühnheit der ionischen Griechen in der der Schlacht und befahl, die Phönizier wegen Verunglimpfung zu enthaupten.

Nichtsdestotrotz, während viele ionische Griechen heldenhaft auf Seite der Perser kämpften, schlugen sich andere auf die Seite ihrer Brüder vom griechischen Festland, und suchten eifrig nach einer Gelegenheit, das persische Joch abzuschütteln. Am selben Tag, an dem Mardonios gegen die Griechen in der Schlacht von Plataiai kämpfte, setzte sich die griechische Flotte in Ionien mit den Persern auseinander. Die Spartaner waren mit 110 Schiffen nach Delos in den Kykladen gesegelt und einige ionische Griechen von der Insel Samos hatten sich heimlich mit ihnen getroffen.

„Wenn die übrigen Ionier wüssten, dass ihr hier seid, würden sie sich sofort gegen das Achämenidenreich erheben und die Perser vertreiben.

Im Namen der Götter, die wir beide anbeten, bitten wir euch, uns aus der Sklaverei zu befreien! Eure Schiffe sind den ihren weit überlegen und ihr Kampfgeist ist gering."

Zu diesem Zeitpunkt traf die athenische Flotte ein, um sich mit den Spartanern zu vereinen und die Griechen segelten von Delos nach Samos und ankerten vor der Küste, bereit für eine Seeschlacht. Die Überreste der persischen Flotte hatten in Ionien überwintert und die meisten befanden sich zu dieser Zeit in Samos. Da sie nicht geneigt waren, sich nach der Apokalypse von Salamis, erneut mit den Griechen auf eine Seeschlacht einzulassen, segelten die Perser zu den Ausläufern des Berges Mykale auf dem Festland. Sie trafen mit 60.000 persischen Soldaten zusammen, die Xerxes dort unter General Tigranes, dem größten Mann in Persien, zurückgelassen hatte.

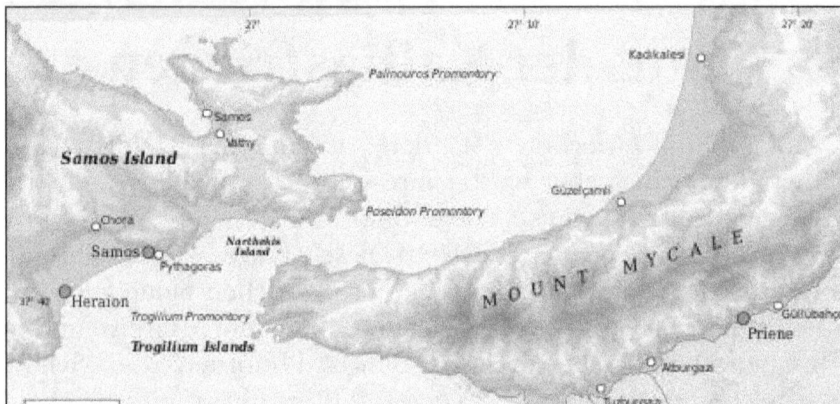

Die Griechen und Perser kämpften in der Schlacht von Mykale gegenüber der Insel Samos.
Foto modifiziert: vergrößert. Credit: Eric Gaba, Wikimedia Commons user Sting, CC BY-SA 3.0
<https://creativecommons.org/licenses/by-sa/3.0>, via Wikimedia Commons;
https://commons.wikimedia.org/wiki/File:Miletus_Bay_silting_evolution_map-en.svg

Die Perser zogen ihre Schiffe auf den Strand und bauten eine Palisade aus Steinen und Baumstämmen um sie herum, aus der spitze Pfähle zum Schutz herausragten. Nachdem die Griechen ihren nächsten Zug diskutiert hatten, folgten sie den Persern in Richtung Festland. Als sie an der Palisade vorbeisegelten, entdeckten sie eine große Armee auf dem Strand, aber sie waren überrascht, dass keine Schiffe herauskamen, um sich ihnen zu stellen. Sie riefen den Ioniern in der persischen Armee auf Griechisch zu: „Männer von Ionien! Denkt an eure Freiheit! Gebt das an die anderen Griechen weiter!"

Der König Spartas, Leotychidas, hoffte, die ionischen Griechen würden auf seine Seite umschwenken oder zumindest das persische

Misstrauen gegen die Ionier entfachen. Es hatte auf jeden Fall den letzteren Effekt, denn General Tigranes ließ den ionischen Griechen sofort die Waffen abnehmen. Die Spartaner und Athener brachten ihre Schiffe auf den Strand und sprangen heraus, um gegen die übermäßig zuversichtlichen Perser zu kämpfen, die den Griechen gegenüber in der Überzahl waren und nicht erwarteten, dass Seeleute für Schlachten an Land ausgebildet waren.

Sie wussten nicht, dass alle spartanischen Jungen im Alter von sieben Jahren von zu Hause weggingen und in die Kaserne zogen, wo sie bis zum Alter von dreißig Jahren in der Kriegsführung ausgebildet wurden und mit ihren Mitstreitern zusammenlebten. Alle männlichen Spartaner lernten die tödliche Phalanx-Formation und übten verschiedene Manöver und Strategien, auch wenn sie später in der Marine ausgebildet wurden. Die athenischen Matrosen, die auch im Landkampf ausgebildet waren, stellten sich in der Mitte des Strandes auf, entschlossen, sich nicht von den Spartanern übertreffen zu lassen, die sich an den Flanken befanden und das Lager umkreisten.

Aufgeschreckt durch den Eifer und die Manöver der Griechen, zogen sich die Perser hinter ihre Blockade zurück. Die meisten flüchteten in die Berge, als die Spartaner auf ihre Nachhut stießen. Unglücklicherweise trafen die fliehenden Perser auf die Milesier, eine andere ionisch-griechische Gruppe, die gerade von Persien übergelaufen war. Sie schlachteten ihre einstigen Oberherren erbarmungslos ab. Diodor von Sizilien berichtete, dass an diesem Tag vierzigtausend Perser starben, aber auch die Griechen verloren viele Männer. Die griechischen Sieger verbrannten die persischen Schiffe, brachen die Seemacht des Xerxes und sicherten der griechischen Flottenkoalition die Herrschaft über die Meere.

Nach dem entscheidenden Sieg in Ionien traf König Leotychidas von Sparta mit den ionischen Griechen zusammen. „Kommt zurück und lebt in eurem Mutterland. In Griechenland seid ihr vor den Angriffen der Perser sicher, aber hier seid ihr zu verwundbar."

Doch die streitbaren Ionier lehnten seinen Vorschlag ab. „Wir sind schon seit sechshundert Jahren hier! Wir werden nirgendwo hingehen!"

Im Jahr 477 v. u. Z. gründeten die Ionier jedoch den Delischen Bund, eine Konföderation der ionischen griechischen Stadtstaaten und anderer griechischer Küstenstädte rund um die Ägäis, das Schwarze Meer und die Adria. Der Bund half jedem Stadtstaat, seine Autonomie zu bewahren, und gemeinsam unternahmen sie Angriffe auf Persien. Ihr Oberhaupt war

Athen, und jeder Stadtstaat stellte Schiffe, Vorräte oder Geld für den Kampf gegen die Perser zur Verfügung.

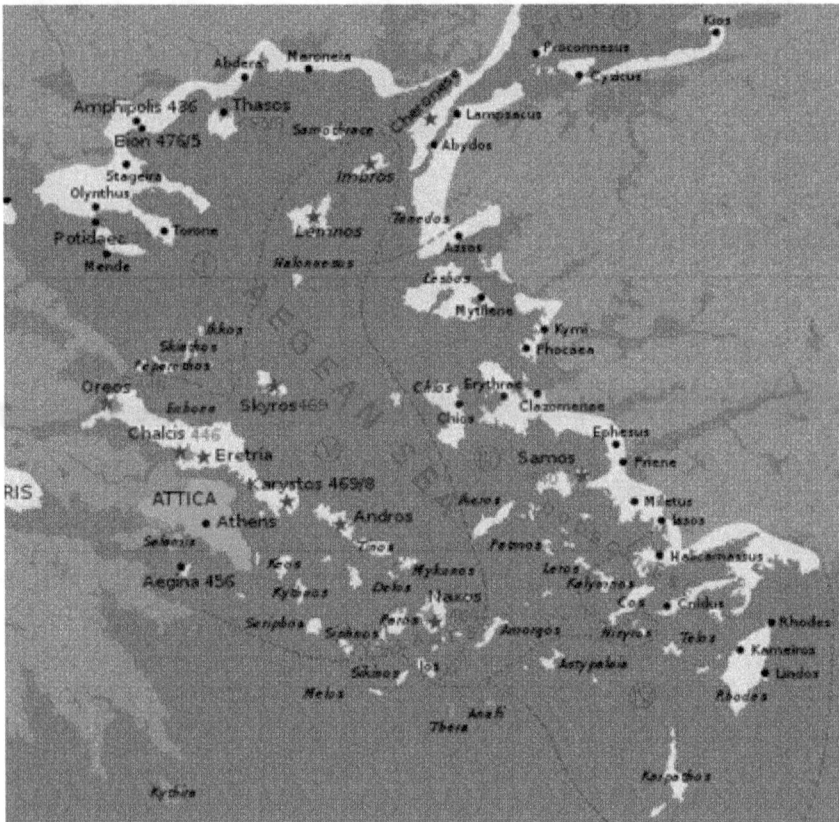

Die meisten der Küstenstadtstaaten am Ägäischen Meer schlossen sich dem Delischen Bund an.
Modifiziertes Foto: Ausschnittvergrößerung. Credit: Map_athenian_empire_431_BC-fr.svg:
Marsyasderivative work: Once in a Blue Moon, CC BY-SA 2.5
<*https://creativecommons.org/licenses/by-sa/2.5*>, *via Wikimedia Commons;*
https://commons.wikimedia.org/wiki/File:Map_athenian_empire_431_BC-en.svg

Kimon, der in der Schlacht von Salamis gekämpft hatte, war der wichtigste Befehlshaber des Bundes. Er eroberte einstige griechische Gebiete von den Persern zurück und befreite die Ägäis von den dolopischen Piraten, die den Handel gestört hatten. Plutarch berichtet, wie eine Eroberung Kimon und seinen Verbündeten außergewöhnliche Kriegsbeute einbrachte: große Reichtümer und persische Gefangene. Kimon stellte seine Verbündeten vor die Wahl, entweder die Beute oder die Gefangenen zu nehmen, und sie griffen nach dem Gold und den prächtigen Gewändern, weil sie dachten, der persische Adel würde wertlose Sklaven abgeben. Kimon jedoch gab die Gefangenen gegen

Lösegeld an ihre Familien frei und wurde dadurch sagenhaft reich. Herodot berichtet, dass er das Geld für die Flotte des Delischen Bundes und für die Versorgung der Armen verwendete.

Der athenische Historiker Thukydides, der zur Zeit von Artaxerxes I. und Dareios II. lebte, berichtete, dass sich der erste Feldzug des Delischen Bundes gegen die verbliebenen persischen Garnisonen in Thrakien richtete. Er fand um 476 v. u. Z. statt. Kimons Belagerung der Stadt Eion hatte das Ziel, Europa von jeglicher persischen Präsenz zu befreien. Aufgrund der Silberminen und der riesigen Wälder, die Holz lieferten, war Thrakien als Tor von Asien nach Europa von strategischer Bedeutung.

Kimon führte den Feldzug an, besiegte die Perser in einer Landschlacht und belagerte die Stadt Eion, wo der Fluss Strymon in die Ägäis mündet. Die Vorräte in der Stadt gingen zur Neige, und Kimon bot den Persern an, Europa auf sicherem Wege zu verlassen. Doch der Kommandant von Eion, Boges, lehnte ab, da er fürchtete, Xerxes würde ihn für feige halten. Stattdessen warf er die Gold- und Silbervorräte der Stadt in den Strymon und tötete dann seine Familie und seine Diener. Er errichtete einen riesigen Scheiterhaufen, auf dem er ihre Leichen verbrannte, und warf sich dann selbst ins Feuer. Kimon versklavte den Rest der hungernden Bevölkerung.

Nach und nach gaben die anderen persischen Städte an der Küste Thrakiens ihre Festungen auf und verließen Thrakien unter dem Druck des Delischen Bundes. Einige der einheimischen Thraker lehnten sich gegen die griechische Herrschaft auf und kollaborierten mit den Persern in einer Widerstandsbewegung. Kimon schlug die Aktion nieder, indem er mit nur vier Triremen dreizehn persische Schiffe kaperte und den Großteil der Perser vertrieb. Das letzte Bollwerk war die Stadt Doriskos, die die Griechen nicht erobern konnten. Ungefähr zum Zeitpunkt des Todes von Xerxes wurde der Gouverneur Mascames von Doriskos nach Persien zurückgerufen, womit die achämenidische Präsenz in Europa beendet war.

Xerxes' Rückkehr aus Griechenland nach Persien markierte den Übergang des Reiches von der Expansion zur Konsolidierung. Das Achämenidenreich hatte mit Aufständen wie in Ägypten und Ionien und Morden innerhalb der königlichen Familie, darunter mehrere Könige, zu kämpfen. Dennoch überstand das persische Reich diese Krisen mit Bravour. Die Achämeniden konzentrierten sich nun mehr auf die Straffung ihrer Verwaltung als auf die Ausdehnung der Reichsgrenzen.

Nach seiner Rückkehr nach Persien konzentrierte sich Xerxes darauf, mehrere von seinem Vater begonnene Bauprojekte zu vollenden.

Diese Epoche markierte auch eine Wende in den Beziehungen zwischen Persien und Griechenland. Bis zu diesem Zeitpunkt war Persien der Aggressor und Griechenland der Verteidiger gewesen. Nun wendete sich das Blatt. Die Griechen waren selbstbewusster in ihren Manövern zu Lande und zur See, und anstatt sich einfach zu verteidigen, gingen sie in die Offensive und errangen entscheidende Siege gegen das persische Reich, die zum Kalliasfrieden führten.

Nach den demoralisierenden Verlusten in Griechenland und Ionien widmete sich Xerxes ein Jahrzehnt lang anderen Angelegenheiten innerhalb seines Reiches. Doch der Aufstieg des Delischen Bundes und die Kühnheit seines Anführers Kimon, der den Rest der anatolischen Halbinsel (Westtürkei) bedrohte, beunruhigten ihn zunehmend. Er musste Ionien zurückdrängen und einen dritten Vorstoß nach Griechenland unternehmen. Xerxes stellte eine Flotte von 340 Triremen zusammen, die von seinem Sohn Tithraustes befehligt wurde, und erwartete weitere 80 Schiffe von den Phöniziern. Xerxes plante, seine Flotte gleichzeitig mit seinem Landheer einzusetzen, das sich am Fluss Eurymedon in der südwestlichen Türkei sammelte. Seine Strategie bestand darin, sich durch Ionien vorzuarbeiten, jeden der rebellischen Stadtstaaten zurückzuerobern und schließlich von Ionien aus einen Angriff auf Thrakien und Griechenland zu starten.

Kimon segelte jedoch mit einer Flotte von 250 Schiffen von Athen zur ionischen Stadt Phaselis, die Xerxes als erste Stadt auf seinem Feldzug erobern wollte. Kimon überzeugte die Einwohner von Phaselis, dem Delischen Bund beizutreten. Tithraustes wollte die griechische Flotte nicht angreifen, bevor die phönizischen Streitkräfte eintrafen, und segelte in den Fluss Eurymedon. Doch Kimon beschloss, einen Präventivschlag zu führen.

Tithraustes brauchte mehr Platz für seine Schiffe und segelte zurück ins Mittelmeer, während Ariomandes, der persische Befehlshaber, den Landtruppen befahl, ins Landesinnere zu ziehen, um ihre Vorräte zu schützen. In der brutalen Seeschlacht wendeten beide Seiten brillante Taktiken an, aber die persische Flotte war Kimons ausgeklügelten Seemanövern nicht gewachsen. Die Griechen durchbrachen die Schiffsreihe der Perser, drehten schnell ab und rammten deren ungeschützte Hecks und Seiten, wobei sie viele Schiffe versenkten.

Laut Thukydides zog sich die verbliebene persische Flotte in den Fluss zurück, nachdem die Griechen über hundert persische Schiffe mitsamt ihren Besatzungen gekapert hatten. Sie setzten ihre Schiffe auf Grund und sprangen an Land, um sich der Landarmee anzuschließen. Doch Kimon täuschte die Perser, indem er seine griechischen Krieger auf die gekaperten persischen Schiffe setzte, sie mit persischer Kleidung ausstattete und sie den Persern flussaufwärts hinterherschickte.

Kimons Schiffe erreichten das persische Lager, als die Nacht hereinbrach, und die Perser erkannten ihre Schiffe und hielten die verkleideten Griechen für Perser. Die Perser wurden unvorsichtig, und so griffen Kimon und seine Männer an. Sie töteten den Neffen von Xerxes, General Pheredates, und töteten und verwundeten viele ahnungslose Perser. Die Schlacht von Eurymedon war eine entscheidende Niederlage für Persien. Es verlor sein Territorium in Europa, und weitere ionische Griechen schlossen sich dem Delischen Bund an, aus dem bald das Athener Reich werden sollte.

Im Jahr 465 v. u. Z. führte eine Palastintrige zur Ermordung von König Xerxes und seinem ältesten Sohn, Kronprinz Dareios, durch den Kommandanten der königlichen Leibwache. Artaxerxes, der jüngere Sohn des Xerxes, rächte die Ermordung seines Vaters und Bruders, indem er den Leibwächter und seine Söhne tötete. Anschließend bestieg er den Thron des Achämenidenreiches. Es sollte nicht lange dauern, bis er im Konflikt mit dem weitreichenden, wachsenden athenischen Reich auf die Probe gestellt werden sollte. Dies geschah ausgerechnet in Ägypten.

Worin bestand das Interesse der Griechen an Ägypten? Diodor von Sizilien, ein griechischer Historiker aus dem 1. Jahrhundert v. u. Z., behauptete, dass die Griechen die ägyptische Stadt Heliopolis vor der Sintflut erbauten. Archäologische Funde deuten darauf hin, dass Hellenen (Griechen) und Ägypter während der Bronzezeit miteinander Handel trieben. Laut Herodot waren die ersten Griechen, die sich in Ägypten niederließen, ionische Piraten, die in Ägypten Schiffbruch erlitten. Der ägyptische Pharao Psammetich I. heuerte die Piraten an, um für ihn zu kämpfen, damit er seinen Thron von einem Usurpator zurückgewinnen konnte. Sobald er wieder König war, gewährte Psammetich den griechischen Piraten Land entlang des Nils, um sich niederzulassen, und schließlich wurde ihre Hafenstadt Naukratis zu einem bedeutenden Handelszentrum am Mittelmeer.

Kambyses hatte Ägypten während seiner kurzen Herrschaft erobert, aber Ägypten litt unter der persischen Herrschaft. Es rebellierte gegen Dareios den Großen und erneut gegen Xerxes I. Persien schlug beide Aufstände nieder, aber 460 v. u. Z. rebellierte Ägypten gegen die Herrschaft von Artaxerxes I. Diese Rebellion wurde von zwei ägyptischen Prinzen angeführt: Inaros und Amyrtaeus. Inaros war König von Libyen und Enkel des ägyptischen Pharaos Psammetich III., der sich mit dem persischen König Kambyses angelegt und verloren hatte.

Diesmal verbündete sich Ägypten mit Athen, das zweihundert Schiffe unter dem Kommando von Charitimides von Zypern nach Ägypten umleitete. Die Griechen stimmten bereitwillig zu, sich in Ägyptens Konflikt mit Persien einzumischen. Sie brauchten Ägyptens Getreideüberschuss und wollten ihr blühendes Handelszentrum in Ägypten wiederherstellen. Die athenische Flotte segelte den Nil hinauf und griff fünfzig phönizische Schiffe an, die für Persien kämpften. Charitimides versenkte dreißig Schiffe und brachte die anderen zwanzig auf.

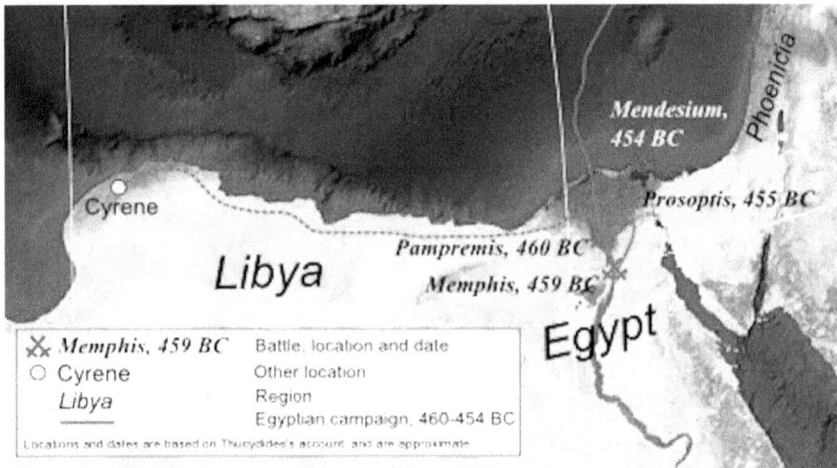

Athen verbündete sich mit den ägyptischen Rebellen gegen das persische Reich.
https://commons.wikimedia.org/wiki/File:Wars_of_the_Delian_League_Egyptian_campaign.jpg

König Artaxerxes stellte ein 300.000 Mann starkes Heer zusammen, um den ägyptischen Aufstand niederzuschlagen. Diese Soldaten wurden von seinem Bruder Achämenes angeführt. Sie schlugen ihr Lager in der Nähe der Stadt Papremis am Nil auf und gerieten fast sofort in eine Schlacht mit der ägyptisch-griechischen Koalition. Die massiven persischen Streitkräfte waren zunächst überlegen, doch den Griechen gelang es, sie auszumanövrieren. Sie durchbrachen die Linie der Perser und töteten etwa ein Viertel der persischen Streitkräfte, darunter auch den Feldherrn Achämenes, dessen Leichnam die Griechen seinem Bruder, König Artaxerxes, übergaben.

Die Perser flohen in ihre ägyptische Hauptstadt Memphis am Nil, die wegen der weiß getünchten Ziegel des Palastes und der massiven weißen Mauern, die die Stadt umgaben, „Weißes Schloss" genannt wurde. Die ägyptisch-athenische Koalition belagerte Memphis über vier Jahre lang. Artaxerxes versuchte, die Athener abzulenken, indem er General Megabazos schickte, um die Spartaner zu bestechen, Athen anzugreifen, aber die Spartaner weigerten sich.

Megabazos stellte daraufhin eine Flotte von dreihundert Triremen zusammen, die mit Seeleuten aus Zypern, Kilikien und Phönizien besetzt waren, und verbrachte ein Jahr damit, sie für den Krieg auszubilden. Dann segelte er den Nil hinauf und besiegte schnell die griechisch-ägyptischen Truppen, die Memphis belagerten. Die Athener flohen auf die Insel Prosopitis im westlichen Nildelta, doch General Megabazos wandte einen alten persischen Trick an. Er leitete den Fluss um und machte die Insel vom Festland aus zu Fuß erreichbar. Nur wenige Athener überlebten, und die Ägypter kapitulierten vor Persien.

Der Sieg der Perser versetzte Athen in Panik. Der Delische Bund bewahrte seine Schatzkammer auf der zentral gelegenen, heiligen Insel Delos in den Kykladen auf, verlegte sie jetzt aber nach Athen. Die Verlegung der Schatzkammer erregte das Misstrauen der Ionier und anderer Mitglieder des Delischen Bundes, da sie glaubten, Athen würde das Geld für seine eigenen Zwecke und nicht für das Wohl des Bundes verwenden. In der Zwischenzeit schickten die Perser im Rausch des Sieges ihre Flotte aus, um die Insel Zypern zurückzuerobern.

Kimon, der von seinen politischen Rivalen geächtet und aus Athen verbannt worden war, kehrte nach einem Jahrzehnt zurück, gerade rechtzeitig, um einen griechischen Gegenangriff auf die persische Festung auf Zypern zu führen. Im Jahr 451 v. u. Z. griff seine Flotte mit zweihundert Schiffen zunächst die Stadt Citium an, doch Kimon starb in der Schlacht. Die athenische Führung verheimlichte seinen Tod vor ihren Truppen, um sie nicht zu entmutigen. Unter dem vermeintlichen Kommando Kimons gewannen die Griechen eine Doppelschlacht zu Lande und zu Wasser bei Salamis auf Zypern und vertrieben die Perser endgültig aus der Ägäis.

Der griechische Sieg auf Zypern beendete die griechisch-persischen Kriege. Der athenische Staatsmann Kallias handelte im Jahr 449 v. u. Z. einen dreißigjährigen Waffenstillstand zwischen dem Achämenidenreich und dem Delischen Bund aus. Die Athener kämpften im Ersten Peloponnesischen Krieg gegen die Spartaner, Thebaner und Korinther und wollten keine Schiffe und Truppen für den Kampf gegen Persien abziehen. Artaxerxes hatte ebenfalls andere Probleme in seinem immer noch riesigen Reich zu lösen. Er war bereit, den Griechen die Ägäis im Austausch gegen das Schwarze Meer zu überlassen.

Im Kalliasfrieden erkannte Persien die Autonomie der ionisch-griechischen Stadtstaaten an und erklärte sich bereit, keine Schiffe in die Ägäis zu entsenden und keine persischen Satrapen in einen Umkreis von drei Tagesmärschen um die Ägäis zu schicken. Die Griechen überließen Persien die Vorherrschaft über das Schwarze Meer, Zypern, Ägypten und die restlichen persischen Gebiete in der Westtürkei. Sowohl Griechenland als auch Persien hielten die Bedingungen des Friedens über die vereinbarten dreißig Jahre hinaus ein, ohne dass eines der beiden Reiche einen offenen Krieg gegen das andere führte.

Was geschah mit dem Delischen Bund? Der Hauptgrund für die Gründung des Bundes war die Abwehr der persischen Angriffe und die Erlangung der Unabhängigkeit der ionisch-griechischen Stadtstaaten. Doch obwohl diese Ziele mit dem Kalliasfrieden erreicht wurden, entließ Athen seine Verbündeten nicht aus dem Bund. Athen behielt die Kontrolle über die Gelder und der Delische Bund verwandelte sich in das Athenische Reich. Athen zwang die anderen Stadtstaaten, weiterhin Schiffe oder Geldmittel zu liefern. Anstatt die Gelder zum Nutzen aller Stadtstaaten zu verwenden, nutzten die Athener das Geld des Bundes für ein gewaltiges Bauprojekt mit Tempeln und Palästen in Athen.

Obwohl sich die Perser technisch gesehen an den Kalliasfrieden hielten, schmiedeten sie heimtückische Intrigen gegen Athen und Sparta und schürten die Flammen der hitzigen Rivalität zwischen den Städten. Ihre Einmischung gipfelte 431 v. u. Z. im Ausbruch des Zweiten Peloponnesischen Krieges, der Griechenland siebenundzwanzig Jahre lang mit unablässigen Kriegen schwächte. Im Jahr 412 v. u. Z. unterstützte Persien Sparta und seine Verbündeten gegen Athen, indem es Holz und Material für eine furchterregende Flotte unter der Führung von Lysander bereitstellte, die zur vernichtenden Niederlage des athenischen Reiches führte.

TEIL DREI:
VON XERXES II. ZU DAREIOS III.

Kapitel 9: Artaxerxes I. und Dareios II.

„Euer Wein, Herr." Der Mundschenk Nehemia überreichte Artaxerxes I. den goldenen Kelch.

Der König nippte langsam, ließ den Blick von seinem Palast auf dem Hügel über die Stadt schweifen, bis ein Diener seine Träumerei störte. „König der Könige, Ihr habt einen Besucher. Themistokles von Athen."

„Themistokles? Wie faszinierend!" Artaxerxes fragte sich, warum der Erzfeind seines Vaters sich an seinem Hof befand. Themistokles war der athenische Marinekommandeur gewesen, der seinen Vater, Xerxes, in dem Debakel von Salamis besiegt hatte.

„Ich hörte, er sei aus Athen geflohen, anstatt sich einem Verfahren wegen Verrats zu stellen," grübelte Artaxerxes.

„Er hat viele politische Feinde," antwortete Nehemia. „Vielleicht sucht er hier Asyl."

„Nun! Lasst uns sehen, was er anzubieten hat." Artaxerxes schritt in den Audienzsaal mit seinen mächtigen Säulen und erlesenen Basreliefs.

Themistokles verneigte sich tief vor Artaxerxes. „König der Könige, wie Ihr wisst, war ich einst der Feind eures Vaters. Aber wie Ihr ebenfalls wisst, können sich die Umstände in der Welt der Politik rasch ändern, insbesondere in Athen. Meine bösen Gegner haben mich fälschlicherweise angeklagt und jede Verteidigung ist hoffnungslos. Daher biete ich mich Euch an."

Artaxerxes runzelte die Stirn: „Du würdest Athen verraten?"

Der athenische General Themistokles suchte Zuflucht an Artaxerxes Hof.
https://commons.wikimedia.org/wiki/File:He_stoods_silent_before_King.jpg

„Leider ist Athen nicht die edle Stadt, die sie einst war. Ich biete mich selbst an, mein Wissen über Athen und meine militärischen und politischen Fähigkeiten. Ich werde Euch helfen, das Übel, das Athen Euch angetan hat, zu rächen und Persien wird Griechenland erobern! Ich erbitte mir nur ein Jahr aus, um die Sprache und die Gebräuche Persiens zu lernen. Dann werde ich Euer treuer Diener sein."

Artaxerxes lächelte. „Willkommen! Ich schätze Deinen Dienst. Nach Deinem Studienjahr werde ich Dich zum Gouverneur von Magnesia ernennen. Und was ist mit Deiner Familie? Bringe Sie her! Wir machen es ihnen bequem. Ich war gerade im Begriff, auf die Jagd zu gehen. Schließt Du dich mir an? Wir haben vieles zu besprechen."

Mit der Herrschaft von Artaxerxes begann die „kulturelle Phase" des Achämenidenreiches. In dieser Ära ersetzte die in Westasien weit verbreitete aramäische Sprache die elamitische und persische Sprache bei Hofe. Mit dem Zoroastrismus, der Verehrung des alten indo-iranischen Gottes Ahura Mazda, entstand eine Art Monotheismus. Die offene Kriegsführung Persiens gegen Griechenland ging in geheime Machenschaften über, um die beiden Mächte Athen und Sparta zu zerrütten.

Artaxerxes, der „Langhändige" (laut Plutarch war seine rechte Hand länger als seine linke), war als gelassener, umsichtiger und großzügiger Herrscher bekannt. Unmittelbar nachdem Artaxerxes I. den Thron bestiegen hatte, kam es zu einer Revolte in Baktrien. Nach einer unentschiedenen ersten Schlacht gewann Artaxerxes die zweite Schlacht, als „ihnen der Wind ins Gesicht blies", was sich offenbar auf einen Sandsturm bezog. [27] Artaxerxes baute den Palast in Susa wieder auf, nachdem er niedergebrannt war, und vollendete die Hundert-Säulen-Halle in Persepolis.

Artaxerxes schlug den ägyptischen Aufstand erfolgreich nieder, doch sein Bruder Achämenes starb in dem Konflikt, was seiner Mutter das Herz brach. Der Anführer des Aufstandes, Inaros, floh in die uneinnehmbare ägyptische Festung Byblos, die der persische General Megabyzos nicht überwinden konnte. Also bot Megabyzos Inaros und den sechstausend griechischen Kriegern, die ihn begleiteten, die Kapitulation an. „König Artaxerxes wird euch nichts antun, und die Griechen können nach Hause zurückkehren."

Persien begann unter Kyros dem Großen mit der Münzprägung. Diese Münze zeigt Artaxerxes I.
Classical Numismatic Group, Inc. http://www.cngcoins.com, CC BY-SA 3.0
<http://creativecommons.org/licenses/by-sa/3.0/>, via Wikimedia Commons;
https://commons.wikimedia.org/wiki/File:Coin_of_Ardashir_I_(also_spelled_Artaxerxes_I)_of_Persis,_Istakhr_mint.jpg

---

[27] *Photius' Excerpt of Ctesias' Persica*, Livius. https://www.livius.org/sources/content/ctesias-overview-of-the-works/photius-excerpt-of-ctesias-persica/#34.

Die Rebellen unterwarfen sich General Megabyzos, der sie zu Artaxerxes I. brachte. Als Artaxerxes Inaros sah, wollte er ihm die Kehle aufschlitzen, weil er seinen Bruder getötet hatte, doch Megabyzos ging dazwischen und erklärte ihm die Vereinbarung, die er mit Inaros getroffen hatte. Artaxerxes lenkte ein, aber seine Mutter Amestris war wütend, dass er die Mörder ihres Sohnes am Leben ließ. Fünf lange Jahre lang bedrängte sie Artaxerxes, ihr zu erlauben, Rache zu üben. Schließlich übergab Artaxerxes ihr Inaros, und Amestris spießte ihn auf drei Pfählen auf und enthauptete die fünfzig Griechen, die nicht geflohen waren, als sie die Gelegenheit dazu hatten.[28]

Tief gekränkt zog Megabyzos in seine Provinz Syrien, wo er auf die Griechen traf, die dem Zorn des Amestris entkommen waren. Er stellte ein Heer von 150.000 Mann auf und lehnte sich gegen Artaxerxes auf, der General Usiris mit 200.000 Mann schickte, um die Rebellion niederzuschlagen. Megabyzos und Usiris, Männer, die einst Waffenbrüder gewesen waren, stürmten auf ihren Pferden aufeinander zu und verwundeten einander. Usiris durchbohrte mit seinem Speer den Oberschenkel von Megabyzos und erlitt Verletzungen an Oberschenkel und Schulter, die ihn vom Pferd warfen. Megabyzos drehte sich um und fing Usiris auf, als dieser fiel. Er befahl seinem Arzt, Usiris zu behandeln, und schickte ihn zurück zu Artaxerxes.

Artaxerxes entsandte eine weitere Streitmacht gegen Megabyzos. Diesmal wurden die Männer von Artaxerxes' Neffen Menostanes angeführt, der von Megabyzos mit zwei Pfeilen in Schulter und Kopf verwundet wurde. Obwohl Menostanes nicht tödlich verwundet wurde, floh er mit seinen Männern vom Schlachtfeld, und Megabyzos errang einen weiteren glänzenden Sieg. An diesem Punkt schaltete sich Artaxerxes' Bruder Artarios (Menostanes' Vater) ein. Er zog los, um Megabyzos zu treffen.

„Megabyzos! Wir blicken auf eine lange Geschichte zurück, und du hast unserem König und seinem Vater mit großer Tapferkeit und Auszeichnung gedient. Warum wirfst du jetzt alles weg, nach deiner glänzenden Karriere? Komm mit meinem Bruder, dem König, ins Reine."

„Artarios, ich bin bereit, mich mit meinem König Artaxerxes zu versöhnen. Aber ich kann den Gedanken nicht ertragen, an den Hof

---

[28] *Ctesias' Persica.*

zurückzukehren und die Königinmutter Amestris zu sehen. Das würde das Grauen dessen, was sie Inaros angetan hat, den ich zu beschützen geschworen habe, wieder heraufbeschwören. Wenn ich in meiner Satrapie in Syrien bleiben kann, werde ich mit meinem König Frieden schließen."

Artarios überbrachte seine Botschaft an Artaxerxes, und sogar Amestris drängte ihren Sohn, Megabyzos zu vergeben, da er ein einflussreicher und legendärer Kriegsheld war. Was, wenn er Ärger mit den ionischen Griechen schürte? Artaxerxes begnadigte Megabyzos, zwang ihn aber zu einer letzten Reise an den persischen Hof, um die Begnadigung entgegenzunehmen.

Als Kyros der Große Babylon eroberte, erlaubte er den Syrern, Medern, Juden und anderen Menschen, die von den Assyrern und Babyloniern umgesiedelt worden waren, in ihre Heimat zurückzukehren. Er gab die aus dem jüdischen Tempel entwendeten Schätze zurück und finanzierte den Wiederaufbau des Tempels in Jerusalem. Fast fünfzigtausend Juden kehrten zur Zeit von Kyros in ihre Heimat zurück. Dort trafen sie auf die Babylonier, die Jahrhunderte zuvor von König Esarhaddon von Assyrien zwangsumgesiedelt worden waren.

Diese angestammten Babylonier herrschten über die persische Satrapie von Israel. Sie hetzten gegen den Wiederaufbau Jerusalems und seines Tempels während der Regierungszeiten von Dareios, Xerxes und Artaxerxes. Dareios hatte das Edikt des Kyros untersucht und die Fertigstellung des Tempels erlaubt. Doch Israels Statthalter Rheum schickte einen Brief an Artaxerxes I., in dem er ihn warnte, dass die Juden den Grundstein für Jerusalem gelegt hatten und die Mauern bald fertigstellen würden. „Wenn sie diese Stadt wiederaufbauen, werden sich die Juden weigern, ihren Tribut zu zahlen, und du wirst die Provinz westlich des Euphrat verlieren."

Artaxerxes schrieb zurück: „Ich habe eine Untersuchung der Aufzeichnungen angeordnet und festgestellt, dass Jerusalem tatsächlich eine Brutstätte des Aufruhrs gegen viele Könige war. Rebellion und Aufruhr sind dort normal! Gib den Befehl, dass diese Männer ihre Arbeit einstellen sollen. Diese Stadt darf nicht wiederaufgebaut werden!" [29]

Im siebten Jahr seiner Herrschaft hatte Artaxerxes jedoch einen Sinneswandel in Bezug auf Jerusalem. Vielleicht wurde er von seinem jüdischen Mundschenk Nehemia beeinflusst. Er schrieb an Esra, den

---

[29] Ezra 1-4, Tanach: Ketuvim: Book of Ezra.

jüdischen Priester und Schriftgelehrten, und wies ihn an, den Tempel in Jerusalem mit Silber und Gold aus der babylonischen Schatzkammer und freiwilligen Spenden der Juden zu verschönern.

Vierzehn Jahre später erhielt Nehemia, der Mundschenk des Artaxerxes, Besuch von seinem Bruder Hanani, der in Jerusalem lebte, wo die Lage düster war. Man hatte ihnen erlaubt, den Tempel fertigzustellen, aber Hanani erzählte Nehemia, dass die Mauern und Tore der Stadt immer noch in Trümmern lagen. Am nächsten Tag saß Artaxerxes mit seiner Königin zusammen und bemerkte, dass etwas seinen Mundschenk beunruhigte. „Warum schaust du so traurig?", fragte er.

Nehemia war erschrocken, denn in der Nähe des Königs musste man immer fröhlich sein. Aber er sagte dem König, dass er um die Stadt seiner Vorfahren trauerte. „Was kann ich tun, um zu helfen?" fragte Artaxerxes.

Nehemia sprach ein kurzes Gebet und antwortete dann: „Schick mich nach Juda, damit ich die Mauern Jerusalems wiederaufbaue."

Artaxerxes stimmte zu, Nehemia zu schicken, um Jerusalems Mauern und Tore wiederaufzubauen. Er stellte auch Holz zur Verfügung, schickte bewaffnete Truppen mit Nehemia, um ihn zu bewachen, und ernannte ihn zum Statthalter von Juda.[30]

Noch bevor Artaxerxes im Jahr 449 v. u. Z. dem Kalliasfrieden zustimmte, zog er einen Krieg der List und Bestechung gegen Griechenland vor. Offene Kämpfe kosteten ihn das Leben seiner Bürger und ein Vermögen an Schiffen und anderen militärischen Kosten. Artaxerxes beschloss, die anhaltenden Spannungen zwischen Sparta und Athen geschickt auszunutzen. Er finanzierte den Aufbau von Spartas Militär und bezahlte neue Schiffe für die Flotte. In der Zwischenzeit beschwichtigte er das Misstrauen der Athener, indem er seine Abgesandten mit Geschenken und blumigen Versprechungen schickte. Dann lehnte er sich zurück und wartete darauf, dass der schwelende Konflikt zwischen Athen und Sparta in einen offenen Kampf ausbrach.

Er brauchte nicht lange zu warten. Im Jahr 460 v. u. Z. brachen mit dem Ersten Peloponnesischen Krieg Feindseligkeiten in Südgriechenland aus. Da Athen in einen Krieg mit Sparta und anderen Städten verwickelt war, war die Zeit reif für Artaxerxes, Athen zu vernichten. Er berief Themistokles, der ein hilfreicher Berater in griechischen Angelegenheiten

---

[30]Nehemiah 1-2, Tanakh: Ketuvim: Book of Nehemiah.

gewesen war, um seinen Schwur zu erfüllen, Athen zu vernichten. Als es zu einem direkten Angriff auf Athen kam, hatte Themistokles Zweifel. Wie würde er in die Geschichte eingehen, wenn er seine Mutterstadt verriet? Anstatt Artaxerxes zu helfen, beging er Selbstmord.

Mit seiner Frau, Königin Damaspia, hatte Artaxerxes I. nur einen Sohn, Kronprinz Xerxes II. Aber mit seinen Konkubinen hatte er siebzehn weitere Söhne. Seine babylonische Konkubine Alogyne war die Mutter von Sogdianos, und eine andere babylonische Konkubine, Cosmartidene, war die Mutter von Ochos. Er hatte mindestens eine Tochter, Parysatis, von einer weiteren babylonischen Konkubine, Andia. Parysatis heiratete ihren Halbbruder Ochos, als ihr Vater noch lebte. Ehen zwischen Halbgeschwistern waren im alten Persien und Ägypten kein Tabu, vor allem nicht in Königsfamilien. Artaxerxes I. und seine Königin starben 424 v. u. Z. am selben Tag, vielleicht an der gleichen Krankheit.

Kronprinz Xerxes II. bestieg den Thron und regierte nur fünfundvierzig Tage, bevor sein Halbbruder Sogdianos ihn betrunken im Schlaf ermordete. Sogdianos bestieg den Thron, regierte aber trotz hoher Bestechungsgelder für sein Militär nur sechs Monate, bevor er zweien seiner Halbgeschwister zum Opfer fiel: seiner Schwester Parysatis und seinem Bruder Ochos. Parysatis war klug und intrigant und half ihrem Ehemann/Halbbruder Ochos, Sogdianos den Thron zu entreißen und ihn durch Ersticken in Asche hinzurichten.

Diese Drachme zeigt Dareios II.

Nachdem er den Thron an sich gerissen hatte, bestieg Ochos ihn unter dem Namen Dareios II. und regierte zwanzig Jahre lang. Er und Parysatis hatten dreizehn gemeinsame Kinder, von denen allerdings alle bis auf fünf im Säuglingsalter starben, was vielleicht auf die problematischen rezessiven Gene der Bruder-Schwester-Ehe zurückzuführen war. Der griechische Historiker Ktesias, der als Leibarzt der königlichen Familie im Palast lebte, schilderte Parysatis als eine mächtige Frau und Dareios' wichtigste Ratgeberin in politischen Angelegenheiten. Königin Parysatis verstand es, jeden, der eine Bedrohung für Dareios' Herrschaft darstellte, zu identifizieren und auszuschalten.

Wenn in der Antike ein neuer König den Thron bestieg, stellten rivalisierende Nationen gewöhnlich seine Stärke auf die Probe. Das Gleiche galt für die Länder innerhalb des ausgedehnten Achämenidenreiches. Sie revoltierten häufig, selbst wenn ein legitimer König gekrönt wurde. Als Dareios II. den Thron bestieg, indem er seinen Bruder ermordete, der seinen einzigen legitimen Bruder ermordet hatte, zögerte das Reich zunächst, ihn als rechtmäßigen Herrscher zu akzeptieren.

Verschiedene Provinzen revoltierten, darunter die Ägypter unter Amyrtaeus, der die achtundzwanzigste Dynastie Ägyptens begründete. (Amyrtaeus war ihr einziger Pharao.) Ägypten vertrieb die Perser erfolgreich aus dem Nildelta, das für das Achämenidenreich eine wichtige Getreidequelle und ein wichtiges Handelszentrum war. Sogar Dareios' eigener Bruder Arsites rebellierte gegen ihn und verbündete sich mit den Griechen. Dareios bestach die Griechen, um Arsites auszuliefern, und versprach, sein Leben zu schonen, aber Königin Parysatis überzeugte ihn, ihn in die Asche zu werfen, damit er erstickte.

Der Sohn von König Dareios II., Artaxerxes II., heiratete Stateira, die Tochter eines bedeutenden Adligen, und ihr Bruder Terituchmes heiratete Dareios' Tochter Amestris. Terituchmes liebte jedoch seine schöne Halbschwester Roxana, eine Kriegerin mit hervorragenden Fähigkeiten im Speerwurf und Bogenschießen. Er wollte seine Schwester heiraten, aber er war bereits mit der Königstochter verheiratet, und so verschwor er sich mit dreihundert Komplizen, um Amestris zu ermorden und die Herrschaft über das Reich zu übernehmen.

König Dareios erfuhr von dem Komplott und beauftragte seinen Freund Udiastes, Terituchmes zu ermorden. Königin Parysatis ordnete die Hinrichtung von Roxana und dem Rest von Terituchmes' Familie an, einschließlich aller Frauen außer ihrer Schwiegertochter Stateira. Sie verschonte Stateira, weil Artaxerxes II. sie sehr liebte und um ihr Leben flehte, aber Dareios warnte Parysatis, dass sie diese Entscheidung später bereuen würde.

Während Mord und Chaos die königliche Familie erschütterten, öffneten die Ereignisse in Griechenland den Persern die Tür. Sie hegten immer noch den Wunsch, Athen zu vernichten. Alles drehte sich um den gutaussehenden, schillernden und verwegenen General Alkibiades, der beschuldigt wurde, die heiligen Statuen in Athen geschändet zu haben. Alkibiades floh nach Sparta, um einem Todesurteil zu entgehen, machte sich aber bald bei Spartas König Agis unbeliebt, weil er eine Affäre mit dessen Frau hatte.

Alkibiades floh daraufhin nach Ionien und stellte sich unter den Schutz des persischen Satrapen Tissaphernes. Er führte einen Staatsstreich in Athen an, der die Demokratie abschaffte und sie 410 v. u. Z. durch eine Oligarchie (Regierungsrat) von vierhundert Männern ersetzte. Die demokratisch gesinnte Flotte Athens lag jedoch in Samos in Ionien vor Anker und weigerte sich, die neue Regierung zu akzeptieren. Ohne von seinen politischen Machenschaften zu wissen, ernannten die Matrosen Alkibiades zu ihrem Befehlshaber. Er führte die abtrünnige Flotte im Triumph über die spartanisch-persische Flotte am Hellespont in der Schlacht von Kyzikos an.

Den Persern schwirrte der Kopf. War Alkibiades nicht ihr Verbündeter? Mehr als alles andere war Alkibiades ein Opportunist, seine einzige Loyalität galt ihm selbst. Bevor das Achämenidenreich wusste, was geschah, hatte der Sieg in Ionien die Athener dazu veranlasst, die Oligarchen zu vertreiben und die Demokratie wiederherzustellen. Sie segelten über die Ägäis und brachten die Ionier wieder unter die Kontrolle des athenischen Reiches. Zu diesem Zeitpunkt trat Dareios II. auf den Plan und erwies sich als hervorragender Oberbefehlshaber.

Wie schon sein Vater vor ihm unterstützte Dareios Sparta finanziell. Er beauftragte seine Phönizier mit dem Bau von Kriegsschiffen, um die spartanische Flotte aufzufüllen, während er mit seiner eigenen Flotte den größten Teil der ionischen Stadtstaaten zurückeroberte. Dieser Schritt bedeutete den endgültigen Bruch des Kalliasfriedens. Der zweite Sohn von Dareios II., Kyros (der Jüngere), schloss während dieses Feldzugs ein Abkommen mit General Lysander von Sparta. Er half Sparta gegen Athen, indem er Lysander mit seinen Einkünften aus Anatolien unterstützte. Kyros half dabei, Lysander zum Herrscher eines gemeinsamen Griechenlands zu machen, als Gegenleistung für die Unterstützung bei einem geplanten Staatsstreich gegen seinen älteren Bruder nach dem Tod seines Vaters.

Lysander und seine zweihundert Schiffe, die von Persien zur Verfügung gestellt worden waren, sowie seine spartanische Flotte stellten 405 v. u. Z. die Athener am Hellespont in der Seeschlacht von Aegospotami. Die ahnungslosen Athener hatten ihre Schiffe an Land gezogen, um die Rümpfe zu trocknen, die nach einiger Zeit durchnässt waren. Sie wussten, dass Lysander in der Nähe war, aber er hatte sich die letzten beiden Male nicht auf einen Kampf eingelassen, so dass sie sich keine allzu großen Sorgen machten. Doch dann griff Lysander plötzlich an, tötete dreitausend Seeleute und brachte ihre Flotte auf oder zerstörte sie - nur sechs Schiffe entkamen.

Lysander segelte dann nach Griechenland und belagerte Athen, bis es sich ergab. Der Peloponnesische Krieg in Griechenland wurde durch persische Einmischung ausgelöst und durch persische Einmischung beendet – mit Sparta als Sieger. Die Athener übergaben ihre Flotte und lösten ihr Reich auf. Lysander riss die Befestigungsmauern Athens nieder, und Sparta verlangte einen enormen Tribut. Athen stellte keine Bedrohung für das Achämenidenreich dar, bis Philipp II. und sein Sohn, Alexander der Große, Jahrzehnte später Griechenland vereinigten.

Gerade als der Peloponnesische Krieg endete, erkrankte Dareios II. in Babylon. Er starb 404 v. u. Z., und sein ältester Sohn Artaxerxes II. wurde sein Nachfolger. Es kamen jedoch glaubwürdige Gerüchte auf, dass Dareios' zweiter Sohn, Kyros der Jüngere, plante, Artaxerxes II. zu töten und den Thron zu usurpieren. Kyros wurde verhaftet, doch seine Mutter, Parysatis, verteidigte ihren Lieblingssohn standhaft und erreichte, dass die Anklage fallen gelassen wurde. Kyros zog sich in seine Satrapie Lydien und Ionien zurück, bis sich die Lage in Persien wieder beruhigt hatte. Die Gerüchte trafen natürlich zu. Aber Kyros wartete ab, bis Artaxerxes' Wachsamkeit nachließ und die Umstände für seinen Sturz reif waren.

Kyros der Jüngere stellte ein großes Heer von etwa dreiundzwanzigtausend Mann zusammen, darunter zehntausend griechische Söldner und ein spartanisches Kontingent. Unter dem Vorwand, einen Feldzug gegen den Stamm der Pisidier im Taurusgebirge zu führen, marschierte er stattdessen nach Südosten, bevor Artaxerxes II. erkannte, was geschah, und Truppen zusammenstellte, um ihm in Babylonien entgegenzutreten. Als die Truppen gegeneinander antraten, bestand Kyros' Hauptziel nicht darin, die gegnerische Seite zu besiegen, sondern seinen Bruder zu töten. Wenn Artaxerxes tot war, konnte er den Thron besteigen.

Zu diesem Zweck befahl Kyros seinem griechischen Befehlshaber Klearchos, seine Männer in die Mitte zu verlegen, gegenüber von Artaxerxes. Dies widersprach der klassischen griechischen Phalanx-Formation, bei der die stärksten Kräfte auf jeder Seite standen, insbesondere auf der rechten Flanke. Aus Angst, die Perser könnten sie überrumpeln, ignorierte Klearchos den Befehl von Kyros. Kyros, der nur über eine dünne Unterstützung in der Mitte verfügte, stürmte auf seinen Bruder zu, wurde aber niedergeschlagen, bevor er ihn töten konnte. Artaxerxes II. war nun der unangefochtene König des Achämenidenreiches.

Kapitel 10: Artaxerxes II.

„Ein Waffenstillstand!", zischte Lysander, als er zusah, wie die mächtige persische Brigade mit ihren Kriegsrossen ankam. „Drei Monate, hat er gesagt! Ich führe Verhandlungen wegen der Unabhängigkeit Griechenlands in Ionien, hat er gesagt! Stattdessen hat er seine Bewaffnung verdoppelt."

Der persische Satrap Tissaphernes stolzierte zu Lysander und Spartas König Agesilaos herüber. „König Agesilaos, ich befehle Euch, Asien sofort zu verlassen oder Euch auf den Krieg vorzubereiten!"

Die Spartaner blickten finster drein ob Tissaphernes' Doppelzüngigkeit. Welche Chance hatte ihre spärliche Streitmacht von achttausend Mann? Aber König Agesilaos war unerschrocken, geradezu fröhlich. „Tissaphernes, ich bin Euch zu Dank verpflichtet! Indem Ihr einen Meineid begangen habt, habt Ihr die Feindseligkeit des Himmels auf euch selbst gezogen. Jetzt werden uns Griechen die Götter zulächeln."

Der Kampf um die ionisch-griechischen Kolonien leitete ein weiteres Kapitel im Verhältnis zwischen Persien und Sparta ein, in dem sie sich von Verbündeten zu Feinden und wieder zu Verbündeten wandelten. Artaxerxes II. regierte fünfundvierzig Jahre lang und konzentrierte sich auf Infrastruktur- und Bauprojekte, während er ein reges Familienleben führte, zu dem mehr als dreihundert Konkubinen und über hundert Söhne gehörten. Plutarch sagte, er habe sogar eine (oder mehrere) seiner Töchter geheiratet, aber die griechischen Historiker liebten es, ihren Geschichten Dramen und Skandale hinzuzufügen, die sich möglicherweise ereignet hatten oder auch nicht. Artaxerxes musste sich mit einem weiteren ägyptischen Aufstand und einer Rebellion seiner Satrapien auseinandersetzen, und er konnte nicht widerstehen, sich in die anhaltenden Konflikte Griechenlands einzumischen.

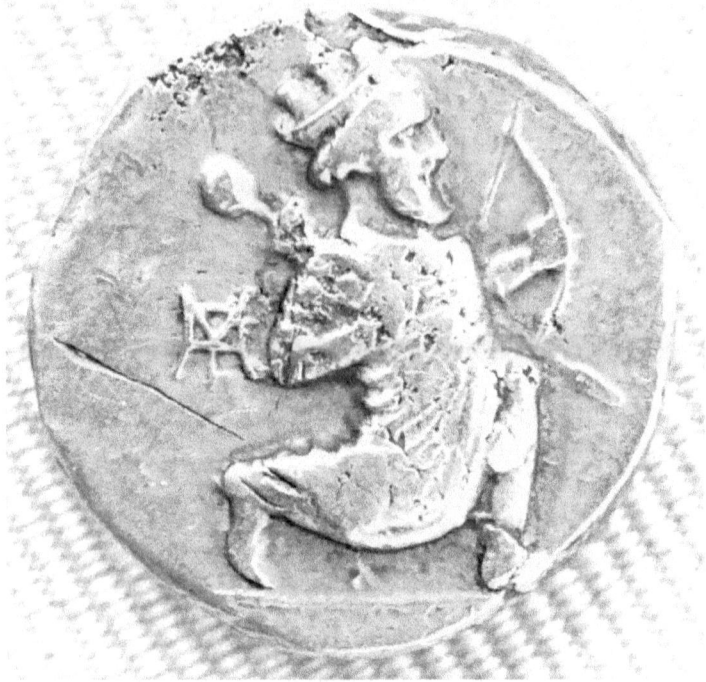

Diese Goldmünze (Dareikos) zeigt Artaxerxes II.
Marie-Lan Nguyen / Wikimedia Commons;
https://commons.wikimedia.org/wiki/File:Double_daric_330-300_obverse_CdM_Paris.jpg

Nachdem Persiens Verbündeter Sparta Athen pulverisiert hatte, trat Sparta an die Stelle Athens als beherrschende Macht der griechischen Welt. Lysander tauschte die demokratischen Regierungen in den griechischen Stadtstaaten gegen Oligarchien aus, die jeweils von einem ihm treu ergebenen spartanischen Militärgouverneur geführt wurden. Er baute im Grunde ein persönliches Imperium auf. Athen lehnte sich gegen Lysanders Oligarchie der „Dreißig Tyrannen" auf und verlor. Aber König Pausanias von Sparta erlaubte Athen, seine Demokratie wiederaufzunehmen, und zügelte Lysanders unkontrolliertes Machtspiel.

Artaxerxes' Vater Dareios hatte sich mit Sparta gegen Athen verbündet und 412 v. u. Z. die meisten ionischen Stadtstaaten erobert, wobei Persien die Oberherrschaft innehatte. Artaxerxes II. war sehr verärgert darüber, dass Sparta Männer entsandt hatte, um den gescheiterten Staatsstreich von Kyros dem Jüngeren zu unterstützen. Schlimmer noch: Sparta stiftete einen Aufstand der ionischen Griechen gegen das Achämenidenreich an. Die ständigen Kriege hatten Spartas Krieger dezimiert, und nur dreißig konnten sich den Widerstandskämpfern anschließen. Aber Spartas neuer König Agesilaos und Lysander stellten eine Armee von zweitausend frisch befreiten Heloten und sechstausend Griechen aus verbündeten Stadtstaaten zusammen.

Lysander war in seinem Element, als sie 396 v. u. Z. an der ionischen Küste ankamen. Er hatte dort den Großteil seiner militärischen Karriere verbracht und die meisten der spartanischen Führer ernannt. König Agesilaos fühlte sich bevormundet und in den Schatten gestellt und beschloss, Lysander nach Abschluss des Feldzugs in Ephesos zurückzulassen, weit weg von Sparta. In Ionien forderte der persische Gouverneur Tissaphernes einen dreimonatigen Waffenstillstand, während er Botschafter zu Artaxerxes II entsandte, um die Unabhängigkeit der ionisch-griechischen Stadtstaaten zu zuauszuhandeln.

Xenophon, ein Athener, der sich als Söldner bei Agesilaos verpflichtet hatte, sagte, der spartanische König stimme dem Waffenstillstand zu. Obwohl er wusste, dass Tissaphernes ihn hintergangen hatte, indem er nach Verstärkungen schickte, hielt er seinen Teil der Abmachung ein. Als Tissaphernes den spartanischen Truppen befahl, Asien sofort zu verlassen, befahl Agesilaos zuversichtlich, sich auf die Schlacht vorzubereiten und alarmierte die ionischen Griechen in der Gegend, sich auf den Krieg vorzubereiten. Er schickte Depeschen zu den übrigen griechischen Stadtstaaten in Asien, damit diese ihre Regimenter schickten.

In der Erwartung, dass die spartanischen Truppen sein Hauptquartier in Karien angreifen würden, verlegte Tissaphernes seine Infanterie dorthin und stationierte seine Kavallerie am Fluss Mäander. Aber Agesilaos führte seine Armee in die entgegengesetzte Richtung, plünderte die Region Sardes und häufte Schätze an. Es dauerte drei Tage, bis Tissaphernes erkannte, dass Agesilaos nicht nach Karien kommen würde. Dann marschierte er nach Sardes. Diese Verzögerung gab den Spartanern Zeit, einen Hinterhalt zu legen. Sie töteten sechshundert Perser und schlugen den Rest in die Flucht.

Der verärgerte Artaxerxes ließ Tissaphernes enthaupten und ersetzte ihn durch seinen Wesir Tithraustes, der neue Friedensbedingungen anbot. Tithraustes sagte, die ionischen Stadtstaaten könnten autonom regieren, wenn sie Artaxerxes Tribut zahlten. Er gab Agesilaos dreißig Talente, damit er das Gebiet verließ. Doch dann bestach Tithraustes Theben und Korinth, ehemalige Verbündete Spartas, die über Spartas imperialistische Herrschaft verärgert waren, gegen Sparta zu kämpfen. Ein anderer persischer Satrap, Pharnabazos, besuchte Griechenland ebenfalls, um die Stadtstaaten für einen Krieg gegen Sparta zu bestechen. Die Bestechung funktionierte und der Korinthische Krieg tobte acht Jahre lang und lenkte Sparta von Ionien ab.

Theben verbündete sich mit Athen, und Sparta rief Lysander aus Asien zurück. Er sollte Verbündete aus Nordgriechenland mitbringen und sich mit König Pausanias von Sparta in Südgriechenland treffen, um Haliartos, die Schwesterstadt Thebens, zu belagern. Lysander traf als Erster ein, ohne zu wissen, dass thebanische Truppen in der Nähe waren, und griff Haliartos an, ohne auf Pausanias zu warten. Die Thebaner griffen von hinten an und töteten Lysander, woraufhin die Spartaner mit den Thebanern auf den Fersen flohen. Mit einer ihrer Lieblingstaktiken, dem plötzlichen Anhalten und Herumwirbeln, überraschten die Spartaner die Thebaner und töteten viele von ihnen. Dennoch gelang es ihnen nicht, Haliartos einzunehmen, und auch Pausanias gelang es nicht, als er schließlich eintraf.

Die Spartaner verbannten König Pausanias, weil er zu spät zur Schlacht gekommen war. Sein junger Sohn Agesipolis wurde gemeinsam mit Agesilaos, den die Spartaner aus Ionien zurückriefen, König. Während Agesilaos auf dem Landweg zurückmarschierte, segelte seine Flotte unter dem Kommando seines Schwagers Peisandros von Knidos im Südwesten Ioniens zurück nach Griechenland. Doch seine Flotte wurde plötzlich von einer persisch-phönizischen Flotte unter dem Kommando von Pharnabazos und einer athenischen Flotte unter dem Kommando von General Konon angegriffen.

Die in Panik geratene spartanische Flotte änderte ihren Kurs, lief auf Grund und ließ ihre Schiffe zurück, um zu fliehen, wobei sie von ihren Verfolgern niedergemacht wurde. Die Perser und Athener erbeuteten fünfzig Schiffe und töteten Peisandros. Diese Katastrophe bedeutete das Ende der Flotte Spartas und seiner Vorherrschaft über die anderen griechischen Stadtstaaten, die bald darauf von Athen zurückerobert wurden. Konon und Pharnabazos segelten nach Südgriechenland, um die Küste des Peloponnes zu überfallen. Pharnabazos finanzierte den Wiederaufbau der langen Mauern von Athen als Dank für die Unterstützung des persischen Feldzugs.

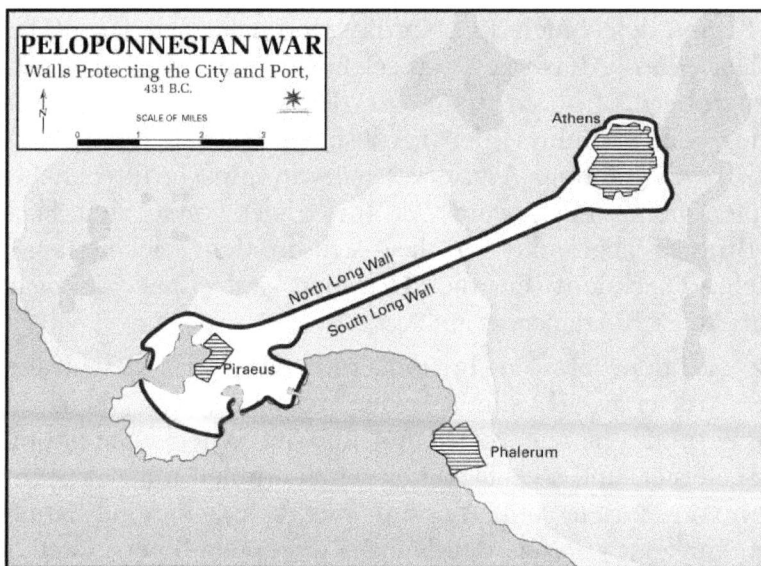

Die Mauern umgaben Athen und reichten sieben Meilen bis zum Hafen von Piräus.

Als König Agesilaos nach Sparta zurückmarschierte, griff plötzlich eine Koalition aus Athenern, Korinthern, Thebanern und anderen Griechen an. Beide Seiten stellten sich in Phalanx auf dem Schlachtfeld auf, aber anstatt stetig auf ihre Gegner zuzumarschieren, rannten die Spartaner auf die Koalitionstruppen zu, was diese so entmutigte, dass sie die Flucht antraten. Nun, alle außer den Thebanern, die die spartanische Phalanx umzingelten und ihr Lager plünderten. Die Spartaner drehten um und griffen die Thebaner an. Anstatt zu fliehen, versuchten die Thebaner, *durch* die spartanische Phalanx *hindurchzulaufen*, um sich ihren Verbündeten anzuschließen. Dieser selbstmörderische Fehler kostete sechshundert Thebaner das Leben.

Durch den Einfluss von König Artaxerxes beendete der Frieden des Antalkidas 387 v. u. Z. den Korinthischen Krieg. Persien war nun wieder mit Sparta befreundet und gab sein Bündnis mit Athen auf. Da Athen nicht bereit war, an den Verhandlungstisch zu kommen, bewachten die Spartaner die Meerenge der Dardanellen und ließen keine Getreidelieferungen nach Athen gelangen, bis die Stadt kapitulierte. Persien behielt die Souveränität über die ionisch-griechischen Stadtstaaten, und die übrigen griechischen Stadtstaaten erhielten ihre autonome Herrschaft zurück. Artaxerxes garantierte den Vertrag und versprach, seinen Zorn über jeden auszuschütten, der die Bedingungen nicht einhielt.

Die Region des Nildeltas in Nordägypten hatte sich gegen Dareios II., den Vater von Artaxerxes, aufgelehnt, dem es nicht gelang, sie zurückzuerobern. In dem Jahr, in dem Dareios starb, krönte sich Amyrtaios, der Anführer der ägyptischen Revolte, zum Pharao von Ägypten. Doch während Artaxerxes eine Streitmacht für den Einmarsch in Ägypten bereitstellte, wurde er durch den versuchten Staatsstreich seines Bruders abgelenkt und ließ sich in den griechischen Konflikt verwickeln. Nachdem er die Griechen auf Linie gebracht hatte, konzentrierte sich Artaxerxes auf Ägypten.

Kurz nachdem er den Frieden mit Antalkidas geschlossen hatte, schickte Artaxerxes II. eine Armee nach Ägypten. Seine Satrapen Tithraustes und Pharnabazos hatten ihm im Griechenlandkonflikt gute Dienste geleistet, und so schickte er sie zusammen mit Abrocomas, dem Satrapen von Syrien, um Ägypten wieder unter seine Kontrolle zu bringen. Artaxerxes startete den Feldzug mit 200.000 persischen Soldaten, 500 Schiffen und 12.000 griechischen Söldnern.

Die ägyptischen Ingenieure machten sich an die Arbeit und hinderten die Perser daran, den Nil und seine Nebenflüsse hinaufzufahren, indem sie die Flüsse aufstauten. Sie behinderten die persische Infanterie, indem sie Felder überfluteten, über die diese marschieren musste. Daraufhin kam es zu Unstimmigkeiten zwischen Pharnabazos und den griechischen Söldnern. Schließlich trat der Nil über die Ufer, und die Ägypter verdoppelten ihre Entschlossenheit, ihr Land zu verteidigen.

Nach drei Jahren brutalen Widerstands durch die unnachgiebigen Ägypter zogen sich die persischen Truppen in Schimpf und Schande zurück. Ägypten war nun autonom und wurde von mehreren ägyptischen Dynastien regiert, bis Artaxerxes' II. Sohn, Artaxerxes III., es schließlich zurückeroberte. Die Ägypter wehrten sich nicht nur erfolgreich gegen die Perser, sondern zettelten auch Aufstände in anderen Satrapien des Achämenidenreiches an. Drei aufeinanderfolgende Pharaonen - Nektanebo I., Tachos und Nektanebo II. - unterstützten mehrere Satrapien bei dem Versuch, sich vom Achämenidenreich zu lösen.

Der erste Satrap (Statthalter), der sich 372 v. u. Z. auflehnte, war Datames, der einst Leibwächter von Artaxerxes gewesen war und sich im Kampf ausgezeichnet hatte. Artaxerxes ernannte ihn zum Satrapen von Kappadokien, als sein Vater, der vorherige Satrap, starb. Er diente Artaxerxes treu und erhielt von ihm den Auftrag, Ägypten zurückzuerobern, als Pharnabazos scheiterte. Datames' Feinde am persischen Hof ließen ihn jedoch befürchten, dass er seine Stellung und wahrscheinlich sogar sein Leben verlieren würde. Anstatt in Ägypten einzumarschieren, zog er sich mit seiner Armee nach Kappadokien zurück. Wütend befahl Artaxerxes II. den benachbarten Satrapien Lydien und Lykien, den Aufstand niederzuschlagen, doch sie konnten Datames' Streitkräfte nicht überwältigen.

Ariobarzanes, der Satrap von Phrygien, schloss sich Datames im Jahr 366 v. u. Z. bei seiner Rebellion an. Als sein Bruder Artabazos versuchte, sein Amt einzufordern, weigerte sich Ariobarzanes, es aufzugeben. Ariobarzanes erhielt für seine Rebellion finanzielle Unterstützung von König Agesilaos II. von Sparta. Auch Athen sympathisierte mit seiner Sache. Ariobarzanes wurde jedoch gekreuzigt, nachdem sein Sohn Mithridates ihn an Artaxerxes verraten hatte.

Orontes I. war Satrap von Armenien und Schwiegersohn von Artaxerxes II., da er dessen Tochter Rhodogune heiratete. Artaxerxes war unzufrieden mit einer militärischen Expedition, die Orontes nach Zypern geführt hatte, entließ ihn aus der armenischen Satrapie und schickte ihn nach Mysien in der nordwestlichen Türkei. Orontes stellte ein Söldnerheer zusammen und schloss sich mit Datames und Ariobarzanes zusammen, verriet sie dann aber an Artaxerxes in der Erwartung, von seinem Schwiegervater entlastet und belohnt zu werden.

Ein weiterer Rebell war Rheomithres, der sich 362 v. u. Z. dem Aufstand anschloss. Er wurde von seinen Gefolgsleuten nach Ägypten geschickt, um den ägyptischen Pharao Tachos um Hilfe zu bitten. Er kehrte mit fünfzig Schiffen und fünfhundert Talenten zurück. Er war der Held des Aufstands, bis er, wie Orontes, seine Mitverschwörer verriet, sie in Ketten legte und sie zu Artaxerxes schickte. Datames und viele andere Aufständische starben 362 v. u. Z. in der Schlacht, aber Artaxerxes begnadigte die meisten Überlebenden.

In der Zwischenzeit erlebte Athen ein Comeback in Griechenland, nachdem man erkannt hatte, dass vergangene Fehleinschätzungen die Stadt fast in den Untergang geführt hatten. Im Jahr 378 v. u. Z. riefen sie den Zweiten Athenischen Bund ins Leben, der sich jedoch erheblich vom Ersten unterschied. Alle Stadtstaaten, die Mitglied waren, behielten in diesem dezentralen Bündnis ihre lokale Autonomie. Athen förderte demokratische Regierungen, und jedes Mitglied eines Stadtstaates hatte das gleiche Stimmrecht. Dieser unauffällige Ansatz begann, die Macht Spartas zu brechen.

Sparta brach den Frieden des Antalkidas nur fünf Jahre nach dessen Inkrafttreten, indem es 382 v. u. Z. eine spartanische Garnison in Theben aufstellte, weil es die expandierende Herrschaft Thebens unterdrücken wollte. Artaxerxes griff zu dieser Zeit nicht ein, wahrscheinlich wegen seines Engagements in Ägypten. General Pelopidas und andere thebanische Regierungschefs flohen nach Athen und schmiedeten Pläne, wie sie Spartas Herrschaft stürzen könnten. General Epaminondas blieb in Theben zurück und bildete die jungen Männer der Stadt heimlich in der Kriegsführung aus.

Drei Jahre später drangen ein Dutzend Exulanten, darunter Pelopidas, heimlich wieder in Theben ein, töteten mit Hilfe der jungen Männer die von Sparta eingesetzte Oligarchie und umzingelten die spartanische Festung. Die Spartaner kapitulierten und verließen Theben unversehrt, doch dies löste einen Krieg zwischen den beiden Stadtstaaten aus. Sparta griff die Region innerhalb von sieben Jahren dreimal an. Theben vermied größere Konfrontationen und ging mit Guerillataktiken gegen Sparta vor. Gleichzeitig bildete Thebens militärischer Führer Gorgidas die aus dreihundert Vollzeitkriegern bestehende „Heilige Bande" in Militärtaktik, Waffentechnik und Reitkunst aus.

In der gewaltigen Schlacht von Leuktra im Jahr 371 v. u. Z. konnte Theben die Macht Spartas über Griechenland entscheidend brechen. Sie endete fast in einer Katastrophe für Theben, als die Spartaner die Stadt nach einem schnellen Marsch nach Norden überraschten. Als die Thebaner merkten, dass die Spartaner kamen, hatten sie kaum Zeit, sich zu versammeln, um ihre nur sieben Meilen entfernte Stadt zu verteidigen. Die Spartaner waren der thebanischen Infanterie zahlenmäßig überlegen, doch die Thebaner setzten eine innovative Phalanx-Formation ein und schlugen die Spartaner zurück. Dieser außergewöhnliche und unerwartete Sieg erhob Theben zur neuen vorherrschenden Macht in Griechenland.

Artaxerxes schaltete sich schließlich ein und schickte Delegierte nach Delphi, um den *Allgemeinen Frieden* zwischen Sparta und Theben zu schließen. Die Verhandlungen scheiterten jedoch, als Theben sich weigerte, Spartas historisches Gebiet Messenien, das zwischen Theben und dem Meer lag, zurückzugeben. Daraufhin finanzierte der persische Delegierte Philikos, der ein Machtgleichgewicht zwischen Theben, Sparta und Athen anstrebte, eine neue Armee für Sparta, indem er zweitausend Söldner anheuerte.

Im Jahr 367 v. u. Z. schickten mehrere griechische Stadtstaaten Abgesandte zu Artaxerxes II. und versuchten, seine Unterstützung zu gewinnen. Artaxerxes schlug einen neuen Friedensvertrag vor, in dem Messenien unabhängig werden sollte und Athen seine Flotte aufgeben musste. Diese Idee gefiel niemandem in Griechenland, außer den Thebanern. Sparta und Athen beschlossen, die aufständischen persischen Satrapen zu unterstützen, um das Achämenidenreich zu destabilisieren, und schickten Truppen zur Unterstützung von Ariobarzanes in Phrygien. Athen schickte auch dem Pharao Tachos in Ägypten militärische Unterstützung.

Die Folgen der verpatzten Friedensverhandlungen von Artaxerxes II. führten nicht nur zu Problemen innerhalb seines eigenen Reiches, sondern auch zu einem explosionsartigen Anstieg der Macht der Thebaner, die mit ihren neuen Phalanxmanövern und ihren furchterregenden Langspeeren zahlreiche Schlachten gewannen. Sie kontrollierten große Teile des Peloponnes und fielen in Makedonien ein, wo sie den Königssohn Philipp II. als Geisel nahmen. Sie ahnten nicht, dass der Junge ihre militärischen Taktiken erlernen und sie dann als Erwachsener überwältigen würde. Und nicht nur das: Er würde auch seinen Sohn Alexander ausbilden, der eines Tages das Achämenidenreich erobern sollte.

Die Mütter der Königinnen und die Hauptfrauen der achämenidischen Könige übten erheblichen Einfluss auf ihre Söhne und Ehemänner aus. Der König nahm seine Mahlzeiten gewöhnlich mit der einen oder anderen ein, und Nehemia, der Mundschenk von Artaxerxes I., erwähnt, dass die Königin neben ihrem Mann saß. Die prominenten königlichen Frauen waren nicht irgendwo in einem Harem versteckt, sondern nahmen aktiv am Hofleben teil. Mehrere Historiker berichten, dass die königlichen Frauen die persischen Könige auf ihren Feldzügen begleiteten. Später in der Geschichte nahm Alexander der Große die Mutter, die Frau und die Töchter von König Dareios III. in seinem Lager neben dem Schlachtfeld gefangen.

Die willensstarke Mutter von Artaxerxes II., Parysatis, war die wichtigste Beraterin seines Vaters gewesen, und sie übte weiterhin Einfluss auf Artaxerxes aus, was sie in eine Rivalität mit seiner geliebten Frau Stateira brachte. Stateira verkehrte mit dem einfachen Volk, was sie bei den Bürgern des Reiches beliebt machte. Aus bitterer Eifersucht ermutigte Parysatis Artaxerxes, sich viele Konkubinen zu nehmen, und ließ keine Gelegenheit aus, Stateira zu beleidigen. Schließlich ermordete sie Stateira, indem sie die eine Seite eines Messers mit Gift bestrich und einen kleinen gebratenen Vogel in zwei Hälften schnitt. Sie bot Stateira die Seite an, die das Gift berührt hatte, während sie die andere Hälfte aß. Artaxerxes konnte seine mächtige Mutter nicht bestrafen, aber er folterte ihre Eunuchen und ließ den Diener hinrichten, der ihr bei dem Mord geholfen hatte.

Artaxerxes II. widmete sich eifrig Bauprojekten im ganzen Reich, insbesondere in Persien. Er restaurierte den prächtigen Palast in Susa, den Dareios I. errichtet hatte, und baute die Befestigungsanlagen von Susa wieder auf. In der Stadt Ekbatana in Medien errichtete er eine neue Apadana, seine große Audienzhalle, die mit bezaubernden Säulen gesäumt war, die ein Dach trugen. Drei ihrer vier Seiten waren offen, es war eine Art kunstvolle Veranda. Außerdem schmückte er Ekbatana mit reizvollen Skulpturen. Im ganzen Reich ließ er zahlreiche Tempel für die Göttin Anahita errichten und – typisch für die persischen Könige – sein eigenes Grabmal in Persepolis bauen. Es enthielt ein Flachrelief von ihm selbst und Vertretern aller Ethnien seines weit verzweigten Reiches.

Diese Darstellung der Apadana von Persepolis könnte ein Spiegelbild derjenigen von Ekbatana sein.

Plutarch zufolge wollte Artaxerxes die Nachfolgefrage vor seinem Tod regeln, damit sein Erbe nicht einen Putschversuch wie er selbst durch seine Bruder Kyros erleiden musste.[31]. Sein ältester Sohn aus der Ehe mit seiner Königin war Dareios, aber sein jüngerer Sohn Ochos schmiedete einen Plan, um die Ernennung seines Vaters zum Kronprinzen zu erreichen. Er machte seiner Halbschwester Atossa, der Lieblingstochter des Artaxerxes, den Hof, weil er dachte, sein Vater würde sie als nächste Königin wollen. Doch Artaxerxes ernannte seinen fünfzigjährigen Sohn Dareios zum Thronfolger.

Doch dann bat Dareios seinen Vater um die Hand Aspasias, die die Gemahlin von Kyros dem Jüngeren gewesen war. Artaxerxes fand dies unangemessen und ernannte Aspasia zur Priesterin der Anahita, was bedeutete, dass sie für den Rest ihres Lebens sexuell keusch sein musste. In seiner Verzweiflung schloss sich Dareios einigen Verschwörern an, die ein Attentat auf Artaxerxes in dessen Bett planten. Als der König von dem Komplott erfuhr, entkam er, indem er sich in ein verborgenes Zimmer hinter seinem Bett schlich. Er befahl, Dareios zu enthaupten.

Nach dem Tod von Dareios hatte Ochos neue Hoffnungen, Kronprinz zu werden, aber er hatte immer noch zwei Rivalen. Ariaspes war der einzige verbliebene Sohn von Königin Stateira, und Arsames war der Sohn einer Konkubine, aber der Liebling seines Vaters. Ochos gaukelte Ariaspes vor, sein Vater wolle ihn töten, und in seiner Verzweiflung beging er Selbstmord. Artaxerxes weinte um Ariaspes und verdächtigte Ochos, konnte es aber nicht beweisen. Daraufhin tötete Ochos Arsames, und Artaxerxes II., der bereits dem Tode nahe war, starb 358 v. u. Z. vor Kummer.

---

[31] Plutarch, *The Parallel Lives: The Life of Artaxerxes* (The Loeb Classical Library edition) https://penelope.uchicago.edu/Thayer/E/Roman/Texts/Plutarch/Lives/Artaxerxes*.html

Kapitel 11: Artaxerxes III. und die zweite Eroberung Ägyptens

Nachdem er auf seinem blutigen Weg zum Thron die aussichtsreichsten Anwärter ausgeschaltet hatte, nahm Ochos 358 v. u. Z. die Krone an und trug den Thronnamen Artaxerxes III. Der makedonische Historiker Polyainos sagte, Ochos habe gemeinsam mit den Eunuchen, Verwaltern und Wachen des Palastes den Tod seines Vaters zehn Monate lang geheim gehalten, um seine Herrschaft zu festigen. In der Zwischenzeit fälschte er Briefe, angeblich von seinem Vater, in denen Ochos als Erbe genannt wurde. Sobald Ochos' Untertanen ihn als König anerkannten, kündigte er den Tod von Artaxerxes II. an und rief eine Trauerzeit aus. Dennoch hatte er immer noch über hundert Brüder, die ihn herausfordern konnten. Laut dem römischen Historiker Justin massakrierte er die meisten königlichen Männer – achtzig an einem Tag. Er tötete sogar einige seiner Schwestern.

Ein Jahr vor diesem Blutbad bestieg Philipp II. den Thron von Makedonien, einem ausgedehnten Land nördlich von Griechenland mit wenig Bedeutung oder Macht. Durch eine Reihe von Attentaten innerhalb der königlichen Familie war es in Aufruhr geraten und stand vor der Auslöschung durch seine starken und kriegerischen Nachbarn. Philip verbrachte seine Jugend als Geisel in Theben und kehrte dann nach Makedonien zurück, bestens geschult in taktischen Fertigkeiten und bereit, seinem Militär neue Strategien beizubringen.

Er führte seine tödliche neue Waffe vor, die Sarissa, eine riesige Lanze mit einer Länge von bis zu sechs Metern und einem Gewicht von über fünf Kilo. Philip setzte die Sarissen in seiner furchterregenden neuen Phalanx-Formation ein. Die Ausbildung seiner Armee war der erste Schritt in seinem atemberaubenden Plan, ganz Griechenland zu verschlingen. Aber das war nur der Anfang seiner Ambitionen. Sein ultimatives Ziel war es, mit einer massiven griechischen Koalitionsarmee das Achämenidenreich zu überwältigen und dessen nächster König zu werden. Konnte Artaxerxes III. (Ochos) der Herausforderung standhalten?

Plutarch sagte über Artaxerxes III: „An Grausamkeit und Blutgier übertraf er alle." Die alten Berichte über Artaxerxes III. stimmen darin überein, dass er das personifizierte Böse war. Der moderne Historiker Leo Mildenberg argumentiert jedoch, dass Artaxerxes III. in der Antike das Opfer schlechter Presse war. Er weist darauf hin, dass Artaxerxes III. ein relativ gütiger Herrscher war, nachdem er seine Nachfolge geregelt hatte. Der energiegeladene Artaxerxes III. stärkte das Reich, indem er sein einstiges Ansehen und seine Macht zurückerlangte. Kunst, Architektur und Münzprägung erlebten während seiner Regierungszeit eine kulturelle Renaissance, die von wirtschaftlichem Wohlstand begleitet wurden.[32]

Artaxerxes Ochos brachte dem Reich neues Vertrauen und Stabilität und sorgte für eine Zunahme des lokalen Handels und des Außenhandels. Während seiner Herrschaft erlahmte die griechische Wirtschaft, während der achämenidische Handel in der westlichen Ägäis und im Mittelmeer florierte. Der Athener Redner Isokrates drängte Philipp II. vehement, in das achämenidische Reich einzumarschieren und stöhnte: „Den Barbaren geht es besser als den Griechen." (Die Griechen nannten jeden, der kein griechisches Wort sprach, bárbaros oder „Schwätzer").

Artaxerxes III. regierte sein weitreichendes Reich als Konföderation mit einer zentralen Behörde. Er stärkte die Position der Satrapen über ihre Provinzen fast bis zur politischen Autonomie. Eine positive Eigenschaft war seine Fähigkeit, gegenseitiges Vertrauen mit seinen Satrapen aufzubauen, was dazu beitrug, die Stabilität innerhalb des

---

[32] Leo Mildenberg, „Artaxerxes III Ochus (358 – 338 B.C.): A Note on the Maligned King," *Zeitschrift Des Deutschen Palästina-Vereins (1953-)* 115, no. 2 (1999): 201–27. http://www.jstor.org/stable/27931620.

Reiches aufrechtzuerhalten. Der erste Rebell war Artabazos, der Satrap von Phrygien.

Artabazos' älterer Halbbruder Ariobarzanes hatte sich gegen Artaxerxes II. aufgelehnt, der ihn durch Kreuzigung hinrichten ließ. Die Brüder waren die Söhne von Pharnabazos II., dessen zweite Frau, Apame, die Tochter von Artaxerxes II. war, womit Artabazos der Enkel des Königs war. Artabazos wurde Satrap von Phrygien, doch sein Onkel, König Artaxerxes III., wollte ihn töten lassen. Artabazos stammte väterlicherseits von Dareios dem Großen ab. Da seine Mutter Prinzessin Apame war, betrachtete Artaxerxes ihn als Rivalen um den Thron.

Artabazos erkannte die Gefahr und rebellierte mit Hilfe eines Heeres athenischer Söldner und verbündete sich mit Memnon und Mentor von Rhodos, den Brüdern seiner Frau. Artabazos' Tochter Barsine heiratete ihren Onkel Mentor, nach dessen Tod heiratete sie Memnon. Mit seinen griechischen Verbündeten errang Artabazos 355 v. u. Z. einen überwältigenden Sieg in Phrygien gegen drei benachbarte Satrapen, den die Griechen jubelnd als „zweites Marathon" bezeichneten.

Wutentbrannt forderte Artaxerxes Ochos Athen auf, Artabazos die Unterstützung zu entziehen. Aus Angst vor persischen Vergeltungsmaßnahmen gab Athen nach, so dass Artabazos verzweifelt ein thebanisches Heer von fünftausend Mann rekrutierte, das erneut gegen Artaxerxes' Streitkräfte triumphierte. Artaxerxes III. bestach daraufhin die Söldner des Artabazos und nahm ihn schließlich gefangen. Doch Memnon und Mentor kämpften weiter für Artabazos und konnten ihn befreien.

Artabazos floh mit Memnon und seiner großen Familie nach Makedonien. Philipp II. nahm sie freundlich auf, und Artabazos schloss Freundschaft mit seinem Sohn Alexander (dem Großen). Sie blieben fast ein Jahrzehnt in Makedonien, und mehrere Historiker berichten, dass Artabazos' Tochter Barsine Alexanders Frau oder Geliebte wurde. Ersteres ist unwahrscheinlich, da sie mit Mentor verheiratet war. Dennoch könnte sie Alexanders Geliebte gewesen sein, als Mentor in Ägypten als Söldner für Pharao Nektanebo II. kämpfte. Nachdem sie nach Asien zurückgekehrt war, marschierte Alexander später ein. Er nahm sie zusammen mit der Familie von König Dareios III. gefangen, so dass sie zu dieser Zeit seine Geliebte geworden sein könnte.

Nektanebo schickte Mentor mit viertausend Söldnern in den Kampf für die phönizische Stadt Sidon, die sich gegen Artaxerxes III. aufgelehnt hatte. Mentor war ein außergewöhnlich fähiger General, der zunächst mehrere Siege errang, bis er 346 v. u. Z. von den Persern gefangen genommen wurde. Artaxerxes Ochos schätzte die Lage ab: Er konnte den Aufständischen töten oder sich sein Wissen zunutze machen. Artaxerxes bot Mentor Gnade an und schickte ihn dann zurück nach Ägypten, um auf der Seite der Perser zu kämpfen.

Mentors sensationelle Siege in Ägypten bewirkten die Begnadigung seines Bruders Memnon und seines Schwiegervaters Artabazos. Beide Männer kehrten 342 v. u. Z. nach Asien zurück und informierten Artaxerxes III. über die Pläne Philipps II. zur Invasion des persischen Reiches. Zwölf Jahre später kämpften Artabazos und seine Söhne gegen die makedonisch-griechische Invasion. Nachdem er verloren hatte, ergab sich Artabazos seinem alten Freund Alexander, der ihn zum Berater und Satrap von Baktrien machte.

Mildenberg stellt fest, dass Artaxerxes Ochos gegenüber Artabazos gnädig war. „Ochos musste hinter seinem Vater aufräumen und sich mit den Aufstandsversuchen in den fünfziger Jahren befassen. Die wenigen beteiligten persischen Rebellen flohen ins Ausland oder baten nach ihrem völligen Scheitern in Susa um Begnadigung. Ochos rächte sich in keiner Weise, schon gar nicht an Artabazos, aber moderne Historiker scheinen seine Großzügigkeit immer noch als selbstverständlich zu betrachten.“ [33]

Der Versuch des Vaters von Artaxerxes Ochos, Ägypten zurückzuerobern, hatte mit einem schmählichen Misserfolg geendet, aber er war entschlossen, sich durchzusetzen. Diodor schrieb, er sei „unkriegerisch“ gewesen, also blieb er wahrscheinlich zu Hause, schickte aber seine Generäle 351 v. u. Z. auf einen Feldzug nach Ägypten, wo er sich mit Pharao Nektanebo II. anlegte. Der Pharao hatte jedoch starke Unterstützung durch griechische Söldner und die persischen Streitkräfte waren unerfahren und übervorsichtig. Die achämenidischen Streitkräfte erlitten nach einem Jahr Krieg eine schwere Niederlage und zogen sich zurück. Dennoch war Artaxerxes fest entschlossen, Ägypten zurückzuerobern, zumal sein anfänglicher Misserfolg bei den Phöniziern und Zyprioten Verachtung auslöste, was zu neuen Aufständen führte. [34]

An der phönizischen Küste des Libanon lag Sidon, eine der ältesten Städte der Welt. Sie ist seit 4000 v. u. Z. ununterbrochen bewohnt. Sidon,

---

[33] Mildenberg, „Artaxerxes III Ochus,“ 212.

[34] Diodorus Siculus, *Library of History*, Volume II: Book XVI, Loeb Classical Library Edition. https://penelope.uchicago.edu/Thayer/E/Roman/Texts/Diodorus_Siculus/16C*.html.

das durch seinen Seehandel sehr reich wurde, war mindestens seit dem 8. Jahrhundert v. u. Z. auch für seine Herstellung von Glas und Purpurfarbstoff aus der Meeresschnecke Murex trunculus bekannt. Als Phönizien an Persien fiel, wurde Sidon zum Regierungssitz und militärischen Hauptquartier der Achämeniden in der Region. Die Sidonier waren zunehmend gereizt vom Überlegenheitskomplex der Perser und führten den Rest der Phönizier in einen Unabhängigkeitskampf.

Die Phönizier verbündeten sich mit Pharao Nektanebo von Ägypten gegen ihren gemeinsamen Feind Persien. Als Seefahrernationen verfügten sowohl Ägypten als auch Phönizien über viele Schiffe für eine gemeinsame Flotte, und die Ägypter stellten viertausend griechische Söldner unter der Führung von Mentor. Die Feindseligkeiten gegen die Perser begannen mit der Abholzung des königlichen Parks, den die persischen Könige in Phönizien nutzten. Sie verbrannten die für die persischen Kriege unterhaltenen Lagerhäuser für Pferdefutter und verhafteten die unverschämten persischen Aristokraten, die ihnen das Leben schwergemacht hatten.

Artaxerxes Ochos war wütend über den neuen Aufstand in Phönizien und bereitete sich auf einen Krieg vor, doch dieses Mal würde er seine Männer anführen. Er stellte 300.000 Infanteristen, 30.000 Reiter, 300 Kriegsschiffe und 500 Versorgungsschiffe mit Lebensmitteln, Waffen und Belagerungsmaschinen zusammen. Normalerweise bedienten sich die persischen Könige der Phönizier und Ägypter, um ihre Kriegsschiffe zu bemannen, aber in diesem Fall kämpfte er gegen beide Länder, so dass er auf griechische Söldner angewiesen war. Während Artaxerxes III. von Babylon nach Phönizien marschierte, führten die persischen Satrapen von Syrien und Kilikien ihre gemeinsamen Armeen zum ersten Angriff auf Phönizien. General Mentor schlug sie vernichtend und vertrieb sie.

Unterdessen erklärten sich die neun Städte der großen Insel Zypern vor der Küste des Libanon, inspiriert von Ägypten und Phönizien, für unabhängig von Persien. Empört bat Artaxerxes Idrieus, den Herrscher von Karien an der Südwestküste der Türkei, seine Infanterie und Kavallerie nach Zypern zu schicken. Idrieus schickte vierzig Triremen und achttausend Soldaten nach Zypern, die von Phokion von Athen und dem abgesetzten König Evagoras II. befehligt wurden, dessen Familie Zypern seit dem Fall von Troja regiert hatte. Phokion und Evagoras sammelten bei ihrem ersten Angriff auf die wohlhabende Insel so viel Kriegsbeute, dass die syrischen und kilikischen Truppen herbeieilten, um mitzukämpfen und selbst Beute zu machen. Dadurch verdoppelte sich die Zahl der persischen Truppen auf der Insel, was bei den zyprischen Königen Panik auslöste. Alle bis auf den Herrscher von Salamis ergaben sich den Persern.

Als Artaxerxes III. mit seinem riesigen Heer in Phönizien eintraf, erkannte der Herrscher von Sidon, Tennes, dass seine Männer die Perser unmöglich besiegen konnten. Er schloss einen geheimen Pakt mit Ochos. Er würde Sidon aufgeben und mit Artaxerxes gegen Ägypten kämpfen, wo er die besten Häfen kannte. Tennes verließ Sidon mit fünfhundert Soldaten und einhundert Elitesoldaten, die sich mit den anderen phönizischen Führern treffen wollten.

Stattdessen übergab Tennes die führenden Bürger an Artaxerxes, der sie wegen Anstiftung zum Aufstand hinrichtete. Zu diesem Zeitpunkt näherten sich fünfhundert weitere sidonische Adlige, die nichts von Tennes' Doppelzüngigkeit wussten, Artaxerxes und schwenkten Olivenzweige als Zeichen des Friedens. Artaxerxes rief Tennes zu sich und sagte: „Die Kapitulation der Sidonier zu akzeptieren, reicht mir nicht aus. Ich muss den Rest des Reiches in Angst und Schrecken versetzen, damit sich niemand mehr auflehnt. Mein Ziel ist es, Sidon völlig zu vernichten. Sorgt dafür, dass das geschieht!"

Artaxerxes Ochos befahl seinen Bogenschützen, die fünfhundert mit Olivenzweigen winkenden Sidonier zu erschießen. In der Zwischenzeit schmiedete Tennes mit Artaxerxes' griechischen Söldnern einen Plan, um die Truppen des Königs in die Stadt zu führen, und verriet ihnen, wie sie hineingelangen konnten. Tennes' Doppelzüngigkeit endete mit seiner Hinrichtung, da Artaxerxes ihn nicht länger brauchte. In Erwartung des persischen Angriffs verbrannten die sidonischen Bürger ihre Schiffe, um zu verhindern, dass sich jemand davonschlich, anstatt zu kämpfen.

Doch als sie sahen, dass König Artaxerxes und seine Männer in die Stadtmauern eingedrungen waren und in den Straßen herumschwärmten, gaben sie alle Hoffnung auf. Nachdem sie ihre Familien und Diener in ihren Häusern versammelt hatten, verriegelten die Sidonier ihre Türen und brannten ihre Häuser nieder. Vierzigtausend kamen dabei ums Leben, und viel Gold und Silber schmolz in den Flammen. Die anderen phönizischen Städte unterwarfen sich sofort Artaxerxes.[35]

---

[35] Diodorus Siculus, *Library of History*, Volume II: Book XVI.

Unmittelbar nach der Auslöschung von Sidon entsandte Artaxerxes seine Streitkräfte mit seinen griechischen Verbündeten aus Argos, Ionien und Theben nach Ägypten. Artaxerxes war der Meinung, dass er und sein Vater einen Fehler begangen hatten, als sie ihre Generäle bei deren gescheiterten Versuchen, Ägypten zurückzuerobern, nicht begleitet hatten. Sein Vater hatte eine Laissez-faire-Haltung gegenüber dem Streit zwischen seinen Generälen, und Artaxerxes hatte das Gefühl, dass es seinen eigenen Generälen an Selbstvertrauen und taktischen Fähigkeiten mangelte. Diesmal war er ein tatkräftiger Befehlshaber, der seine Offiziere fest im Griff hatte. Artaxerxes' führender General war sein bester Freund und Wesir, der Eunuch Bagoas, der ihn und einen Großteil seiner Familie später ermorden sollte.

Bei der Durchquerung der Sinai-Halbinsel musste die Armee die Sümpfe von Barathra durchqueren und verlor dabei viele Männer im Treibsand. Der Wind wehte den Sand von den umliegenden Wüstendünen über die Oberfläche des tiefen Sumpfes. Die Sümpfe schienen Teil der Wüste zu sein, bis man hineinging und unter die Oberfläche sank, da man in dem dichten Morast nicht schwimmen konnte. Nachdem sie den Sumpf durchquert hatten, erreichten die Männer die Stadt Pelusium, wo einer der Nilzuflüsse in das Mittelmeer mündet. Es war die gleiche Stadt, die Kambyses zuvor mit Katzen, Hunden, Ibissen und Widdern besiegt hatte.

Pharao Nektanebo hatte Pelusium mit zwanzigtausend spartanischen Söldnern, zwanzigtausend Libyern, sechzigtausend Ägyptern der Kriegerkaste und unzähligen Kriegsschiffen, die im Fluss anlegten, verstärkt. Am ersten Tag stürmten die thebanischen Verbündeten der Perser rücksichtslos auf die Stadt zu, um zu beweisen, dass sie bessere Krieger waren als die Spartaner. Die Schlacht an diesem Tag war ein unentschiedener Kampf zwischen den beiden griechischen Fraktionen.

Obwohl Pharao Nektanebo II. über eine beeindruckende Verteidigung verfügte, wurde ihm seine Selbstüberschätzung zum Verhängnis. Er hatte die Perser bisher immer besiegt und rechnete fest damit, es auch diesmal zu schaffen. Er weigerte sich, das Kommando mit seinen sehr erfahrenen athenischen und spartanischen Generälen zu teilen. In dieser Nacht überquerte der persisch-griechische General den Fluss in einem Boot, das von Ägyptern geführt wurde, deren Familien von den Persern als Geiseln gehalten wurden. Er fuhr in einen geheimen Kanal ein und lieferte sich am Fuße der Stadtmauern eine Schlacht, in der er über fünftausend Ägypter tötete.

Pharao Nektanebo war entsetzt und floh nach Süden in die Hauptstadt Memphis. Die Perser nahmen Pelusium mit ihrem alten Trick ein: Sie leiteten den Fluss um, bis er ausgetrocknet war, und brachten dann Belagerungsmaschinen bis zu den Mauern. Als die Katapulte die Mauern durchbrachen, reparierten die griechischen Söldner sie schnell mit Holz. So ging es mehrere Tage lang, bis die Griechen merkten, dass Nektanebo und die Ägypter die Stadt verlassen hatten. Sie ergaben sich, und Artaxerxes erlaubte ihnen, mit dem, was sie an Plünderungen aus Pelusium auf dem Rücken tragen konnten, nach Griechenland zurückzukehren.[36]

General Mentor und Bagoas eroberten eine ägyptische Stadt nach der anderen, rissen ihre Mauern nieder und plünderten die Tempel. Der Frevel schürte großen Hass auf die Perser. Einige Jahrzehnte später begrüßten die Ägypter Alexander den Großen als ihren Befreier von Persien. Nektanebo II. floh mit seiner Familie und so vielen Besitztümern, wie er tragen konnte, nach Äthiopien. Der überwältigende Sieg brachte die Kontrolle über die ägyptischen Handelshäfen und die Getreideversorgung, was zu einem erheblichen Wirtschaftswachstum in Persien führte.

Diese Münze zeigt Artaxerxes III. als ägyptischen Pharao
Classical Numismatic Group, Inc. http://www.cngcoins.com, *CC BY-SA 3.0*
<http://creativecommons.org/licenses/by-sa/3.0/>, *via Wikimedia Commons;*
https://commons.wikimedia.org/wiki/File:Artaxerxes_III_as_Pharao.jpg

---

[36] Diodorus Siculus, *Library of History*, Volume II: Book XVI.

Im Jahr 340 v. u. Z. erlebte das Achämenidenreich seine erste Begegnung mit Makedonien, als die beiden Mächte in Thrakien aufeinandertrafen. Mehrere Stämme hatten Teile Thrakiens beherrscht, bis es unter Dareios dem Großen unter die Kontrolle des Achämenidenreiches kam. Nachdem die Griechen die Perser aus Thrakien vertrieben hatten, wurde es in vier Königreiche aufgeteilt. Doch nun eroberte König Philipp II. von Makedonien Städte und errichtete mazedonische Garnisonen in Thrakien.

König Kersebleptes regierte das Odrysenreich, das größte thrakische Königreich. Er hatte versucht, Thrakien zu vereinen, was ihn in Konkurrenz zu Philipp II. brachte. Im Jahr 352 v. u. Z. verlor er eine Schlacht gegen Philipp und musste seinen Sohn als Geisel nach Makedonien schicken. Nun wehrten die Thraker einen weiteren Angriff Philipps II. von Makedonien bei Perinth ab, einer strategisch wichtigen Stadt am Marmarameer, direkt westlich des Hellespont. Artaxerxes hatte zunächst einen Freundschaftsvertrag mit Philipp geschlossen, war aber über die makedonischen Eroberungen in unmittelbarer Nähe des persischen Territoriums beunruhigt und schickte Truppen zur Unterstützung nach Thrakien.

Die achämenidischen Satrapen konnten Philipp II. erfolgreich aus der Stadt Perinth zurückdrängen, doch Artaxerxes' Reaktion war für ihn ungewöhnlich unentschlossen. Als Philipp sich zurückzog, verfolgte Artaxerxes Ochos ihn nicht und versuchte auch nicht, Thrakien zurückzuerobern, das als Pufferzone zwischen Makedonien und den Gebieten des Achämenidenreiches diente. Seine Generäle hatten bewiesen, dass sie ihre Truppen schnell mobilisieren konnten, und so schien er zu selbstsicher zu sein. Artaxerxes unterschätzte die Bedrohung, die von Makedonien ausging, und ermöglichte mit seinem glanzlosen Feldzug Entwicklungen, die sich später für seinen Nachfolger Dareios III. als tödlich erwiesen und zum Untergang des Achämenidenreiches führten.

Nachdem Artaxerxes bei der Rückeroberung Ägyptens und der Niederschlagung von Aufständen in Sidon, Kleinasien und Zypern große Erfolge erzielt hatte, erfreute er sich eines stabilen und blühenden Reiches. Das alles brach zusammen, als Bagoas ihn vergiftete. Der Historiker Diodor beschrieb Bagoas als habgierig und verräterisch, und das war er auch, aber er war der engste Freund von Artaxerxes III. Artaxerxes bewunderte Bagoas für seine Kühnheit und vertraute ihm bedingungslos. Er ernannte Bagoas zum Wesir und machte ihn damit zum zweitwichtigsten Mann im Reich. Doch Bagoas entwickelte sich zu einem machtgierigen Größenwahnsinnigen.

Der Tod von Artaxerxes Ochos III. durch Vergiftung brachte seinen Sohn Arses (Artaxerxes IV.) auf den Thron. Arses hatte ältere Brüder, aber Bagoas inszenierte die Ereignisse, um ihn zu krönen, in der Erwartung, er könne den Jungen leicht manipulieren und durch ihn regieren. Während der zweijährigen Regierungszeit von Artaxerxes Arses IV. schloss König Philipp II. von Makedonien seine Eroberung ganz Griechenlands ab, um sich auf die Invasion des persischen Reiches vorzubereiten.

König Arses war unruhig unter der Fuchtel von Bagoas und versuchte, ihn zu vergiften, scheiterte jedoch und wurde seinerseits von Bagoas vergiftet. Artaxerxes III. hatte zu Beginn seiner Herrschaft die meisten männlichen Thronanwärter ausgerottet. Bagoas vergiftete alle verbliebenen Erben, so dass in der direkten Linie von Artaxerxes III. keine männlichen Nachkommen mehr am Leben waren.

Schließlich brachte Bagoas einen jungen Mann auf den Thron, den er für den Urenkel von Dareios II. hielt. Doch Dareios III. erwies sich als zu eigensinnig und gerissen für Bagoas' Geschmack. Zeit für eine weitere Vergiftung! Doch Dareios sollte kein weiteres Opfer von Bagoas werden. Da er einen Mordanschlag vermutete, reichte Dareios Bagoas seinen Becher. „Bringt einen Toast auf mich aus!"

Bagoas starrte auf den Rotwein in dem goldenen Kelch und versuchte verzweifelt, einen Ausweg zu finden. Aber es gab keinen. Er hob den Kopf und hob den Kelch. „Auf den Sieger!"

Als Dareios' Diener den toten Körper von Bagoas aus dem Raum trugen, lehnte er sich auf seinem Thron zurück. Jetzt konnte er sich darauf konzentrieren, das Reich zu regieren und sich seiner größten Herausforderung zu stellen: Makedonien.

Kapitel 12: Dareios III. und Alexander der Große

Zwei Jahrhunderte zuvor hatte Daniel der Seher eine Vision, in der er sich in Elam am Fluss bei Susa befand. Er blickte auf und sah einen Widder mit zwei langen Hörnern, von denen eines länger war als das andere, obwohl das längere Horn erst später zu wachsen begonnen hatte als das kürzere. Der Widder stieß alles um, was ihm im Westen, Norden und Süden in den Weg kam, und niemand konnte sich ihm widersetzen. Er tat, was er wollte, und wurde sehr groß.

Plötzlich tauchte aus dem Westen ein zottiger Ziegenbock mit einem riesigen Horn zwischen den Augen auf, der so schnell das Land überquerte, dass er den Boden nicht einmal berührte. Wütend stürzte es sich auf den Widder mit den zwei Hörnern, schlug ihn und brach ihm beide Hörner ab. Nun war der Widder hilflos und die zottelige Ziege schlug ihn nieder und zertrat ihn. Der zottelige Ziegenbock wurde immer mächtiger, aber sein großes Horn wurde auf dem Höhepunkt seiner Kraft abgebrochen. Vier prominente Hörner wuchsen an seiner Stelle.

Als Daniel versuchte, die Vision zu verstehen, erschien ihm der Engel Gabriel. Vor Schreck fiel Daniel mit dem Gesicht zu Boden, aber Gabriel half ihm auf die Füße. „Menschensohn, der Widder mit zwei Hörnern steht für die Könige von Medien und Persien. Der zottige Ziegenbock steht für den König von Griechenland und das große Horn zwischen seinen Augen stellt den ersten König des griechischen Reiches dar. Die vier herausragenden Hörner, die das eine große Horn ersetzten, zeigen, dass das griechische Reich in vier Königreiche zerbrechen wird, aber keines so groß sein wird wie das erste."[37]

Es war jetzt 336 v. u. Z. und Dareios III. schritt mit gerunzelter Stirn auf seinem Balkon hin und her. Er hatte die Satrapie Armenien regiert, die ihm von Artaxerxes III. für seine Tapferkeit in der Schlacht verliehen worden war, aber er hatte sich nie vorgestellt, König des gesamten Achämenidenreiches zu sein. Und was sollte er mit Philipp II. machen?

Während Bagoas die gesamte achämenidische königliche Familie ermordet hatte, hatte Philipp von Makedonien ganz Griechenland mit Ausnahme von Sparta erobert. Die griechischen Stadtstaaten waren im Korinthischen Bund zusammengeschlossen und hatten unter dem Oberbefehl Philipps II. dem Achämenidenreich den Krieg erklärt. Für sie war es ein heiliger Krieg, eine Strafe dafür, dass die Perser über ein Jahrhundert zuvor die Tempel Athens entweiht und niedergebrannt hatten.

Philipps jahrelange Intrigen und mühsame Arbeit hatten ihre Früchte getragen. Alles war vorbereitet, um eine riesige griechische Streitmacht nach Persien zu führen. Philipp hatte gerade eine Vorhut von zehntausend makedonischen Soldaten über den Hellespont nach Asien geschickt. Sie hatten bereits die Küstenstädte von Troja bis Milet eingenommen. Dareios wischte sich den Schweiß von der Stirn. Konnte er Philipp aufhalten?

In diesem Moment stürzte Dareios' Wesir herein. „Majestät!", keuchte er. „Ich habe erstaunliche Neuigkeiten! Philipp II. ist tot!"

„Was? Tot? Was ist passiert?" Dareios drehte sich ungläubig um.

„Mord, Majestät! Seine verschmähte Geliebte hat ihn erstochen!"

Darius lachte. „Mein Erzfeind wurde von einer Frau getötet?"

„Nein, Majestät, von seinem Leibwächter. Philipp feierte gerade die Hochzeit seiner Tochter, als sein Leibwächter plötzlich seinen Dolch zückte und ihn erstach!"

„Ich kann mein Glück nicht fassen!" rief Dareios aus. „Und was bedeutet das? Ist Alexander jetzt König?"

„Ja! Und ich glaube, die makedonische Bedrohung ist beseitigt! Philipps Armee ist auf einem kleinen Brückenkopf bei Abydos konzentriert. Wer weiß, ob der junge Alexander Philipps Mission

---

[37] Daniel 8. Tanakh: Ketuvim: Book of Daniel.

fortsetzen will? Und wenn ja, könnte er das? Er ist erst zwanzig, und ich bezweifle, dass er die Griechen zusammenhalten kann, wenn sein Vater tot ist. Ich habe gehört, dass Athen, Theben und Thessalien bereits aus dem Bund von Korinth ausgetreten sind, und Thrakien hat sich aufgelehnt."

Dareios III. wäre vielleicht nicht so schadenfroh gewesen, wenn er mehr über Alexander gewusst hätte. Ja, Alexander war erst zwanzig Jahre alt, aber der große Philosoph Aristoteles unterrichtete ihn in seiner Kindheit, und sein Vater Philipp II. bildete ihn während seiner Jugend auf dem Schlachtfeld aus. Im Alter von achtzehn Jahren errang Alexander mit seinem Vater einen epischen Sieg gegen Athen und Theben in der Schlacht von Chaironeia. Als er den Thron bestieg, war er bereits ein brillanter General und ein versierter Staatsmann. Er war sogar bereit, den Feldzug seines Vaters gegen das Achämenidenreich anzuführen. Doch zunächst musste er Griechenland wieder in die Schranken weisen.

Es dauerte fast zwei Jahre, um Griechenland wieder auf Linie zu bringen. Zunächst kapitulierten die südlichen griechischen Staaten und entschuldigten sich für ihre Auflehnung. Dann zähmte Alexander die nördlichen Staaten, aber Athen und Theben revoltierten währenddessen erneut. Alexander machte Theben dem Erdboden gleich und versklavte seine Bürger, was Athen zur Kapitulation veranlasste. Wieder einmal war ganz Griechenland mit Ausnahme von Sparta unter einem Anführer vereinigt: Alexander. Mit über fünfzigtausend Mann und sechstausend Schlachtrössern machte Alexander sich mit seinem schlauen und erfahrenen General Parmenion auf in Richtung Hellespont und marschierte 334 v. u. Z. durch Ionien. In der Zwischenzeit überquerte seine Flotte von 120 Kriegsschiffen mit 38.000 Mann Besatzung die Ägäis.

Dareios III. blieb zu Hause in seinem Palast in Persepolis in Persien und ging davon aus, dass Alexander nur Ionien angreifen würde. Zweifellos konnten seine gewitzten, kampferprobten Satrapen die Griechen in die Flucht schlagen. Darius ahnte nicht, dass Alexander das gesamte Achämenidenreich ins Visier genommen hatte. Doch einer seiner Generäle, Memnon von Rhodos, wusste es besser. Jahrzehnte zuvor war er mit seinem Schwager Artabazos nach Makedonien geflohen, als ihr Aufstand in Phrygien gegen Artaxerxes II. gescheitert war. Er kannte Philipp II. und Alexander persönlich, und er kannte ihre Pläne und die Fähigkeiten des makedonisch-griechischen Militärs.

Memnon hatte bereits gegen die früheren Vorstoßtruppen Philipps II. gekämpft, die 336 v. u. Z. nach Ionien geschickt worden waren. Nach der

Ermordung Philipps hatte Memnon die demoralisierten Makedonier in der Nähe des Flusses Mäander besiegt und sie nach Europa zurückgetrieben. Nun, da er und die persischen Satrapen Alexanders Annäherung verfolgten, drängte er auf eine Strategie der verbrannten Erde. „Brennt die Felder nieder, fällt die Obstbäume, nehmt alle Vorräte mit und verlegt alle ins Landesinnere. Wenn er seine Armee nicht mehr ernähren kann, wird er gezwungen sein, das Land zu verlassen. Und gib König Dareios Bescheid, dass die Spartaner die anderen griechischen Städte angreifen sollen, damit Alexanders Truppen abziehen und nach Hause gehen, um ihre Städte zu verteidigen."

Doch die persischen Satrapen trauten Memnon nicht ganz, schließlich war er ethnisch griechisch. „Warum sollten wir unsere eigenen Nahrungsquellen und Vorräte zerstören? Wenn wir weglaufen, sehen wir rückgratlos aus, was die Griechen anspornen wird. Nein, wir marschieren los, um ihn am Fluss Granikos zu treffen."

Die persischen Truppen hatten sich auf dem hohen Bergrücken am Ostufer des Granikos aufgereiht und warteten auf die makedonisch-griechischen Truppen. Alexanders Männer mussten durch das Wasser waten und den Kamm hinaufklettern, um gegen die Perser anzutreten. Die Perser hatten den Vorteil, dass sie bergauf lagen und Pfeilsalven abfeuerten, die die Sonne verdunkelten. Sie beobachteten die Ankunft von Alexanders Armee, aber es war bereits später Nachmittag, so dass sie nicht damit rechneten, dass er den Fluss vor dem Morgen überqueren würde.

Stattdessen stellten sich Alexanders Truppen schnell in Formation auf: Kavallerie an den Flanken und Infanterie in der Mitte in der tödlichen makedonischen Phalanxformation. Seine bulgarischen Speerwerfer, Elite-Infanterie und Bogenschützen befanden sich ebenfalls auf der rechten Seite. Plötzlich stürmte die Kavallerie über den Fluss und das Ufer hinauf. Während die Perser mit der Kavallerie, die den Kamm hinaufkam, kämpften, stürzte sich der Rest des Heeres in den Fluss und watete hinüber, um einen Hagel von Speeren und Pfeilen abzuwehren.

Charles le Bruns Darstellung des Angriffs von Spithridates auf Alexander von hinten.
https://commons.wikimedia.org/wiki/File:Spithridates_attacking_Alexander_from_behind_at_the_Battle_of_Granicus.jpg

Auf der Spitze des Bergrückens angekommen, durchbohrte Alexander sofort Dareios' Schwiegersohn Mithridates mit seinem Speer im Gesicht. Spithridates, der persische Satrap von Ionien und Lydien, kam hinter Alexander her und versetzte ihm mit seiner Streitaxt einen Schlag gegen den Kopf. Sein Helm zersprang in zwei Teile, aber erstaunlicherweise blieb Alexander unverletzt. Spithridates hob seinen Arm, um erneut zuzuschlagen, doch in diesem Moment durchbohrte Alexanders Busenfreund Kleitos der Schwarze Spithridates mit seinem Speer.

Die griechische Infanterie hatte es über den Fluss geschafft und stürmte mit ihren tödlichen, achtzehn Fuß langen Sarissen den Hügel hinauf. Die bereits angeschlagene persische Kavallerie floh nach Halikarnassos, während die Griechen die persische Infanterie in der Mitte dezimierten. Nach der schrecklichen Niederlage der Perser kapitulierten die meisten ionischen Stadtstaaten, die unter persischer Kontrolle standen, schnell, mit Ausnahme von Milet und Halikarnassos, die wichtige persische

Flottenstützpunkte waren. Alexander belagerte die beiden Häfen erfolgreich und legte die persische Flotte lahm.

Endlich angespornt, Alexander persönlich zu bekämpfen, führte Dareios III. sein kolossales Heer an, als Alexander sich Kilikien an der Mittelmeerküste näherte. Dareios überraschte Alexander, als er ihm in der schmalen Küstenebene zwischen dem Golf von Issos und dem Nur-Gebirge in den Rücken fiel. Alexander wendete seine Truppen und stellte sich Dareios entgegen. Seine Einheiten nahmen schnell dieselbe Formation an, die sie bei Granikos angewandt hatten: die makedonische Phalanx in der Mitte, General Parmenion und die griechische Kavallerie auf der linken Seite und Alexanders Kavallerie und Elite-Infanterie auf der rechten Flanke.

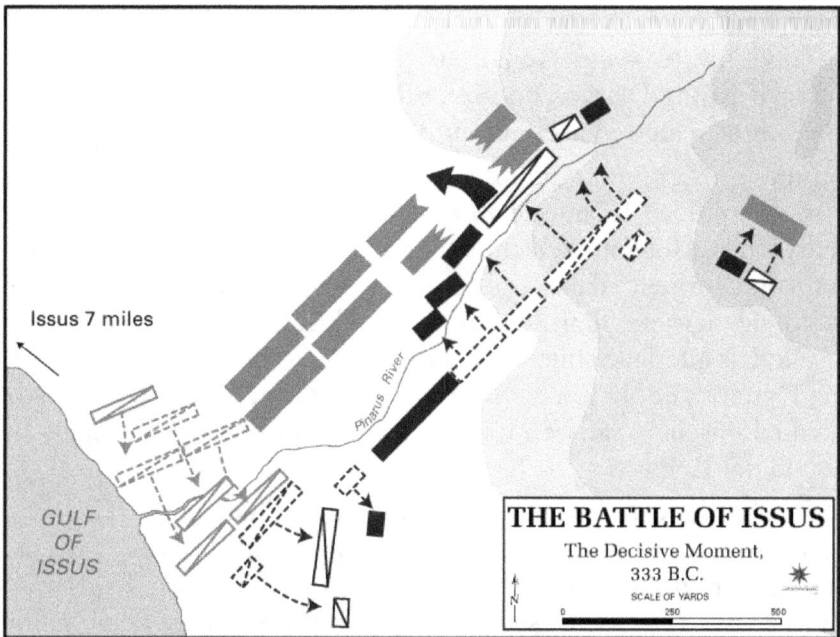

In der Schlacht von Issos überquerte Alexander den Fluss Pinaros von Süden aus.
https://commons.wikimedia.org/wiki/File:Battle_issus_decisive.png

Die Perser stellten sich nördlich des Flusses Pinaros auf, mit ihrer schweren Kavallerie auf der rechten Seite, nahe dem Meer, und Dareios mit seiner griechischen Söldnerinfanterie in einer Phalanxstellung in der Mitte. Seine persische Infanterie war auf der linken Seite bis zum Vorgebirge aufgereiht, wobei einige den Fluss überquerten und auf die rechte Flanke der Makedonen stießen. Die persische Kavallerie führte den Angriff über den Fluss und traf auf die griechische Kavallerie von

General Parmenion.

Während die beiden Kavallerien am Strand aufeinander trafen, stürzte sich Alexanders Kavallerie auf der rechten Flanke mit voller Geschwindigkeit in den Fluss, das gegenüberliegende Ufer hinauf und genau zwischen die Infanterie der Perser, um die Linien zu durchbrechen. Währenddessen behinderten die Tiefe des Flusses und die starke Strömung Alexanders griechische Infanterie mit ihren schweren Sarissen und Panzern. Die griechischen Söldner am Nordufer zwangen sie zu einem vorübergehenden Rückzug.

Doch Alexanders Kavallerieangriff störte die persische Infanterie und ermöglichte es der von Alexander zu Fuß geführten makedonischen Elite-Infanterie auf der rechten Flanke, den Fluss ungehindert zu überqueren. Sie durchbrachen die persische Linie. Dann sprang Alexander auf ein Pferd und führte seine Gefährten (die makedonische Kavallerie) zum Angriff auf König Dareios und seine Leibwächter. Dareios, der vor Angst zitterte, dreht seinen Wagen um und floh mit seinen Leibwächtern.

Zu diesem Zeitpunkt erkannte Alexander, dass Parmenions Kavallerie und seine mittlere Infanterie in einer verzweifelten Lage waren. Anstatt Dareios zu verfolgen, zerschmetterte er die persische Infanterie von hinten und erhielt dabei einen Schwertstich in den Oberschenkel. Gleichzeitig leistete Parmenion hartnäckigen Widerstand gegen die persische Kavallerie. Schließlich bemerkten die persischen Truppen, dass König Dareios geflohen war. Sie hielten kurz inne, warfen einen Blick auf die makedonischen Sarissen und flohen mit Alexanders Truppen auf den Fersen in die Berge.

Die Schlacht von Issos war eine weitere vernichtende Niederlage für das Achämenidenreich. Das Volk war demoralisiert, weil Dareios sein Militär mitten in der Schlacht im Stich gelassen hatte. Und was noch schlimmer war: Er ließ seine Frauen zurück. Alexander nahm die persische Königinmutter, die Königin, und die beiden Töchter des Dareios gefangen, die den König auf seinem Feldzug begleitet hatten. Er behandelte die königlichen Frauen und Mädchen freundlich und heiratete später Stateira II., eine der Töchter.

Im Jahr 332 v. u. Z. arbeitete sich Alexander an der Mittelmeerküste entlang. Alle phönizischen Städte mit Ausnahme von Tyros ergaben sich und setzten damit die persische Flottenpräsenz im Mittelmeer vollständig außer Gefecht. Das antike Tyros leistete sieben Monate lang Widerstand, bis Alexanders Feuerschiffe und Belagerungstürme es in die Knie zwangen. Er massakrierte alle wehrfähigen Männer und versklavte die Frauen und Kinder. Während Alexander in Phönizien weilte, erhielt er einen Brief von König Dareios, in dem er Friedensbedingungen anbot: „Ich gebe dir meine Freundschaft, meine Tochter zur Frau, eine große Zahlung für die Rückgabe meiner Frauen und ganz Ionien."

Alexander lehnte das Angebot ab und zog weiter nach Gaza. Seine Ingenieure sagten ihm, dass sie ihre Belagerungsmaschinen in Gaza nicht einsetzen könnten, da die Stadt auf einem hohen Hügel liege. Doch Alexander weigerte sich, ihre Prognose zu akzeptieren.

Da die Stadt, die auf einem Hügel lag, zu hoch war, um die Mauern mit den Geschossen der Belagerungsmaschinen zu treffen, bauten sie einen Hang daneben, rollten ihre Belagerungsmaschinen hinauf und zerstörten die Mauern von Gaza. Alexander wurde erneut von einem Hochgeschwindigkeitspfeil verwundet, der seine Schulter durch seinen Schild durchbohrte. Dann zog Alexander in Ägypten ein und wurde als Befreier von der persischen Unterdrückung gefeiert. Selbst der persische Satrap verbeugte sich vor ihm und übergab ihm die Schatzkammer.

König Dareios schrieb einen weiteren Brief an Alexander, in dem er noch großzügigere Friedensbedingungen anbot. „Ich gebe dir die Hälfte meines Reiches, meine Tochter zur Frau und ein Vermögen in Gold."

Alexander schnaubte. „Ich habe bereits ein Vermögen durch die Städte, die ich erobert habe, erworben. Ich habe deine beiden Töchter, und ich will das ganze Achämenidenreich, nicht die Hälfte!"

Das Scheitern der Friedensverhandlungen führte zur Schlacht von Gaugamela im heutigen Nordirak. Dareios zog mit doppelt so vielen Männern wie Alexander in die Schlacht, mit Kriegselefanten aus Indien und mit Streitwagen, deren Räder mit Klingen bestückt waren. Die Griechen und Mazedonier hatten noch nie gegen Elefanten gekämpft und auch mit Streitwagen hatten sie wenig Erfahrung. Dennoch besaßen sie die bessere Ausbildung und Kampferfahrung als die persischen Streitkräfte.

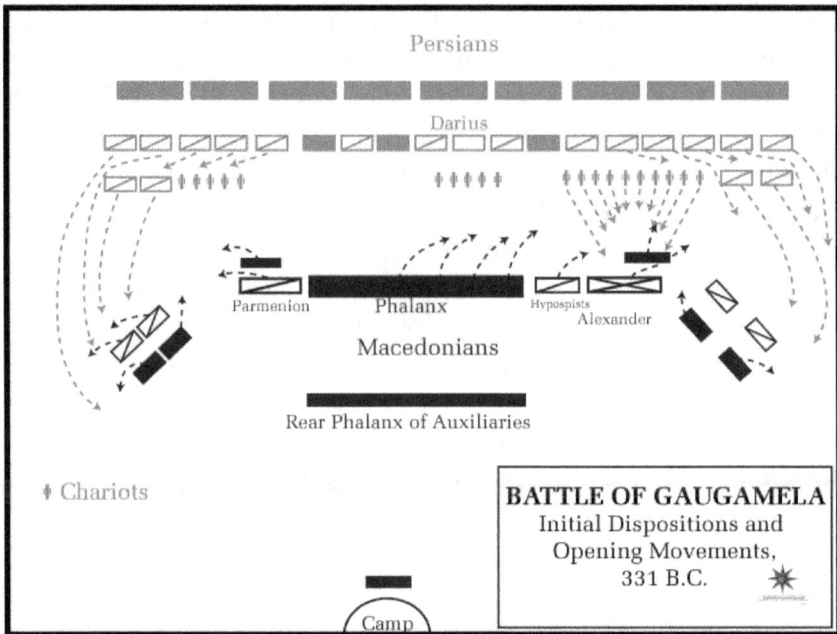

Persians

Darius

Parmenion   Phalanx

Macedonians

Hypospists
Alexander

Rear Phalanx of Auxiliaries

Chariots

BATTLE OF GAUGAMELA
Initial Dispositions and
Opening Movements,
331 B.C.

Camp

Dareios griff zu Beginn der Schlacht von Gaugamela Alexanders rechte und linke Flanke an, während Alexander sich darauf konzentrierte, das Zentrum und die linke Flanke der Perser anzugreifen.

https://commons.wikimedia.org/wiki/File:Battle_of_Gaugamela,_331_BC_-_Opening_movements.png

König Dareios positionierte sich erneut mit seiner Infanterie in der Mitte. Seine Kavallerie aus Ionien, Indien, Mesopotamien, Medien und Anatolien befand sich auf seiner linken Flanke, begleitet von griechischen Söldnern und der gut ausgebildeten Infanterie der Unsterblichen. Auf seiner linken Seite befand sich seine Kavallerie aus Baktrien, Skythien und anderen zentralasiatischen Stämmen. Alexander benutzte dieselbe Aufstellung, die er schon immer benutzt hatte. Er ritt mit seiner makedonischen Kavallerie auf der rechten Flanke, seine Infanterie in der Mitte und Parmenion auf der linken Seite mit der griechischen und thrakischen Kavallerie.

Während Parmenion die linke Flanke gegen den Angriff der asiatischen Kavallerie stabil hielt, marschierte Alexanders Infanterie in der Mitte in einer immer breiter werdenden, fächerförmigen Phalanxstellung vor. In der Zwischenzeit führte Alexander seine Kavallerie ganz nach rechts, um Dareios' linke Flanke aus dem Weg zu räumen, wodurch das Zentrum der Perser ungeschützt bleiben würde. Sein Plan ging auf. Die Mittellinie der Perser lichtete sich und ermöglichte es der griechischen

Infanterie, sie zu durchdringen, als die wilde skythische Kavallerie seine rechte Flanke in einer wütenden Attacke angriff. Die Skythen hätten die Makedonier überwältigt, doch die bulgarischen Speerwerfer halfen, sie zu besiegen.

Dareios schickte daraufhin seine Streitwagen aus, deren Klingen aus den Rädern ragten und einem Mann oder einem Pferd die Gliedmaßen am Knie abtrennen konnten. Doch die Griechen und Makedonier traten einfach zur Seite, um den Streitwagen den Weg freizumachen, und griffen dann die Wagen von hinten an. Zu diesem Zeitpunkt befanden sich die meisten Krieger auf beiden Seiten im Nahkampf, doch angesichts der wuchtigen makedonischen Sarissen drehte Dareios noch einmal um und rannte vom Schlachtfeld.

Dareios III. floh (erneut) vom Schlachtfeld, wie auf dieser Elfenbeinschnitzerei dargestellt.
Luis García, CC BY-SA 3.0 <https://creativecommons.org/licenses/by-sa/3.0>, via Wikimedia Commons; https://commons.wikimedia.org/wiki/File:Batalla_de_Gaugamela_(M.A.N._Inv.1980-60-1)_02.jpg

Ähnlich wie in der Schlacht von Issos eilte Alexander Parmenions linker Flanke zu Hilfe und verlor in dem brutalen Konflikt sechzig seiner mazedonischen Elitekavalleristen. Nachdem Alexanders Streitkräfte die Schlacht entscheidend gewonnen hatten, sammelte General Parmenion die Beute ein, darunter auch die Elefanten, die offenbar nicht im Kampf eingesetzt worden waren. In der Zwischenzeit verfolgte Alexander

Dareios, dem es aber gelang, nach Osten zu entkommen. Daraufhin marschierte Alexander mit seinen Truppen in Babylon ein, wo ihn das Volk mit großem Tamtam als neuen König von Persien begrüßte. Alexander machte Babylon zu seinem Hauptquartier für den Rest seines kurzen Lebens.

König Dareios floh mit den Überresten seiner königlichen Garde nach Ekbatana. Später traf er sich mit seiner baktrischen Kavallerie, zweitausend griechischen Söldnern und General Bessos, dem Satrapen von Baktrien. Dareios plante, sich zu erholen, ein neues Heer zusammenzustellen und Alexander erneut entgegenzutreten. Er beschloss, sich in die flachen Ebenen Baktriens zu begeben, wo er seine Kavallerie im Kampf besser einsetzen konnte als in den Bergen Mediens.

Doch seine Männer zogen sich zurück, da sie einen weiteren Angriff Alexanders fürchteten, bevor sie ihre Streitkräfte aufgebaut hatten. Schließlich inszenierte Bessos einen Staatsstreich, fesselte Dareios und warf ihn in einen Ochsenkarren, gerade als Alexander zu einem Überraschungsangriff ansetzte. Bessos und seine Männer spießten Dareios mit ihren Speeren auf und rannten davon, während die Makedonier Dareios verblutend am Straßenrand fanden. Alexander hatte gehofft, Dareios lebend zu fassen. Traurig nahm er dem letzten persischen König des Achämenidenreiches den Siegelring ab und schickte den Leichnam des Dareios zurück nach Persepolis, wo er ein Staatsbegräbnis erhielt und in einem königlichen Grab beigesetzt wurde.

Nach seiner Ankunft in Baktrien erklärte sich Bessos zum neuen König des östlichen Teils des Reiches (Zentralasien) und übernahm den Thron unter dem Namen Artaxerxes V. Doch sein Reich zerfiel schnell. Seine Landsleute flohen aus dem Land, ergaben sich Alexander oder erlitten Niederlagen. Selbst die Baktrier erkannten, dass ein Sieg gegen Alexander aussichtslos war. Und was hatte das für einen Sinn? Alexander schien die meisten einheimischen Führer an Ort und Stelle zu belassen und das Regierungssystem des Achämenidenreiches zu übernehmen. Doch wenn sie Bessos schützten, riskierten sie Alexanders Zorn.

Aus pragmatischen Gründen übergaben die Baktrier Bessos den Makedoniern, die ihn entkleideten und nackt und mit Seilen gefesselt zu Alexander brachten. Alexander folgte dem persischen Protokoll für Königsmord, ließ Bessos öffentlich auspeitschen und schnitt ihm Nase und Ohren ab. Dann schickte er ihn nach Ekbatana, wo der Bruder des Dareios seine Kreuzigung beaufsichtigte.

Nachdem der Tod von Dareios III. gerächt war, drang Alexander nach Osten vor und eroberte den Rest des Achämenidenreiches. Schließlich erreichte er den Fluss Jaxartes, die östlichste Grenze des Reiches. Der letzte Feldzug war brutal für seine Männer, die kampfesmüde waren und sich danach sehnten, zu ihren Familien zurückzukehren. Auch für Alexander war er hart. Ein Pfeil durchbohrte sein Wadenbein und brach es, und dann traf ihn ein Stein am Kopf, so dass er eine Zeit lang weder sehen noch sprechen konnte.

Alexander nahm die persischen Bräuche und die Kleidung an, was seine Männer seltsam fanden. Außerdem wurde er zunehmend unberechenbar und psychisch labil, was vielleicht eine kollektive Folge mehrerer Kopfverletzungen war. Er tötete sogar seinen engen Freund, Kleitos den Schwarzen, im betrunkenen Zustand. Im Jahr 327 v. u. Z. nahm er Roxana, eine sogdische Prinzessin, gefangen und heiratete sie. Nach Alexanders Tod brachte sie sein einziges bekanntes Kind zur Welt. Nachdem er das Hindukusch-Gebirge überquert hatte, um den indischen Subkontinent zu erkunden, kehrte Alexander schließlich nach Babylon zurück. Er veranstaltete eine Hochzeit, um achtzig persische Prinzessinnen mit seinen Offizieren zu verheiraten und die makedonische und persische Elite in einer symbolischen Zeremonie seines neuen kulturübergreifenden Reiches zusammenzuführen. Alexander heiratete am selben Tag Prinzessin Stateira, die Tochter des Dareios, und Parysatis II, die Tochter von Artaxerxes III.

Doch 323 v. u. Z. erkrankte Alexander an einem Fieber und starb zwei Wochen später im Alter von zweiunddreißig Jahren, nachdem er alle Schlachten, an denen er teilgenommen hatte, gewonnen hatte. Nach seinem Tod stürzte das persische Reich ins Chaos. Roxana ermordete seine persischen Ehefrauen, und sie und ihr Sohn von Alexander wurden später selbst vergiftet. Alexanders neues Reich umfasste nun das gesamte ursprüngliche persische Reich sowie Griechenland, Thrakien und den größten Teil der restlichen Balkanhalbinsel. Wie konnte eine Person über drei Kontinente herrschen, und wer sollte es sein? Schließlich teilten seine Generäle das Reich auf, obwohl die Konflikte über diese Entscheidung jahrzehntelang andauerten. Ein Großteil des asiatischen Teils des persischen Reiches lebte als Seleukidenreich weiter, das fast 250 Jahre lang unter griechischer Herrschaft überlebte.

TEIL VIER:
DIE ALTPERSISCHE GESELLSCHAFT, KULTUR UND REGIERUNG

Kapitel 13: Kunst, Kultur und Religion

Die alten Perser hinterließen ein beeindruckendes Erbe an Kunst, Kultur und religiöser Toleranz. Als multiethnisches Reich nahmen sie eine Vielzahl von Kulturen auf, behielten aber die Kernelemente der alten iranischen Lebensweise bei. Die Achämeniden waren äußerst innovativ und entwickelten verblüffende neue Techniken in Kunst und Technologie. Sie waren ein unglaublich visuelles Volk, das leuchtende Farben und komplizierte Kunstwerke schätzte und dessen faszinierende Kunst und Architektur auch heute noch die Fantasie anregt.

Als sich die Perser im alten Iran niederließen, wurden sie ein mehrsprachiges Volk. Sie sprachen ihre alte indo-iranische Sprache, die als Ariya oder Altpersisch bekannt ist, aber da sie in der Nähe des Volkes von Elam lebten und sich mit diesem vermischten, sprachen sie auch Elamitisch. Als sie in den Iran kamen, waren sie noch nicht alphabetisiert und übernahmen das Elamitische als ihre Schriftsprache. Unter der Herrschaft von Dareios dem Großen oder vielleicht auch schon unter Kyros dem Großen entwickelten die Perser jedoch eine schriftliche Form ihrer alten Sprache. Es handelte sich um eine Keilschrift, die von links nach rechts geschrieben wurde und sechsunddreißig phonetische Zeichen sowie mehrere Logogramme oder Piktogramme enthielt.

Das Achämenidenreich verwendete Elamitisch in Wort und Schrift für die Verwaltung und die Kommunikation mit seinen weit verstreuten Provinzen von der Zeit Kyros des Großen bis zu Dareios dem Großen.

Tontafeln, auf denen finanzielle und verwaltungstechnische Details des täglichen Lebens festgehalten wurden, waren in elamitischer Sprache verfasst. Die großen Inschriften der Könige, die in den Fels gehauen wurden, waren jedoch in drei Sprachen verfasst: Elamitisch, Altpersisch und dem babylonischen Dialekt des Akkadischen. Höchstwahrscheinlich benutzten die Perser Elamitisch, aber im Rest des Reiches wurde es nicht verwendet. Nach 458 v. u. Z. scheint das Elamitische ausgestorben zu sein, da es nicht mehr in Dokumenten auftaucht. Zur Zeit von Artaxerxes II. waren die Inschriften in Altpersisch so unvollkommen, dass es ein Hinweis darauf ist, dass die Schreiber die Sprache nicht mehr verstanden oder nicht mehr häufig verwendeten.

Als Kyros das Reich gründete, sprachen die Menschen in Mesopotamien und der Levante (Syrien, Libanon und Israel) Varianten der semitischen Sprachgruppe, vor allem Babylonisch-Akkadisch, Aramäisch und Hebräisch. Das geschriebene Aramäisch hatte den Vorteil, dass es ein Alphabet gab. Es war viel einfacher, zweiundzwanzig Buchstaben zu lernen, die phonetische Laute repräsentierten, als sich die rund tausend Zeichen der Keilschrift zu merken. Gesprochenes und geschriebenes Aramäisch wurde zur Verkehrssprache im gesamten Reich., Zur Zeit von Artaxerxes I. ersetzte es Altpersisch und Elamitisch in der Verwaltung.

Im nordwestlichen Teil des Reiches war Ionien ethnisch griechisch, und seine Bürger sprachen und schrieben Griechisch. Dareios I. ließ am Bosporus zwei steinerne Denkmäler mit Inschriften auf Griechisch und Aramäisch aufstellen, was darauf hindeutet, dass die diplomatischen Beziehungen zu den ionischen Griechen auf Aramäisch und Griechisch geführt wurden. Bei der Kommunikation mit dem griechischen Festland bedienten sich die Perser der griechischen Sprache, oft durch Übersetzer.

Zu den Banketten für den persischen Adel gehörten goldene Trinkgefäße und kannelierte Schalen.
Ausschnitt aus Foto. Credit: Rosemanios from Beijing (hometown), CC BY 2.0 <https://creativecommons.org/licenses/by/2.0>, via Wikimedia Commons; https://commons.wikimedia.org/wiki/File:Persia_-_Achaemenian_Vessels.jpg

Die Griechen, vor allem die strengen Spartaner, hielten den Lebensstil der Perser für etwas übertrieben, insbesondere ihre Vorliebe für guten Wein, ausgezeichnetes Essen und Feste. Als König Dareios III. sein Reich gegen Alexander den Großen verteidigte, nahm er dreihundert Köche und siebzig Mundschenke mit auf seinen Feldzug. Aber auch die einfachen Perser feierten gerne aufwendige Partys zu Geburtstagen.

Sie rösteten ein ganzes Pferd, ein Kamel oder einen Ochsen (oder vielleicht alle drei, wenn sie reich waren). Eine wichtige Regel, die man sich merken sollte, war, während des Essens niemals mit vollem Mund zu sprechen, das war der Gipfel des unhöflichen Verhaltens. Die Festlichkeiten konnten tagelang andauern, und nach dem Verzehr des gebratenen Fleisches gab es eine endlose Auswahl an Nachspeisen. Die Perser spotteten über die Griechen, die normalerweise keine Nachspeisen aßen, und sagten, sie würden den Tisch hungrig verlassen. Nach dem Verzehr der vielen süßen Köstlichkeiten genossen sie Wein und Musik.

Da die Perser in einem heißen Wüstenklima lebten, lagerten sie ihre Lebensmittel und ihren Wein unterirdisch in Ziegelkammern, um sie kühl zu halten. Die alten Perser waren Weinkenner und starke Trinker. Die Griechen, die ihren Wein stets verdünnt tranken, fanden es skandalös, dass die Perser Wein in voller Stärke tranken. Herodot schrieb, dass das Betrinken ein wesentlicher Bestandteil der Entscheidungsfindung der persischen Führer war:

„Wenn eine wichtige Entscheidung zu treffen ist, diskutieren sie die Frage, wenn sie betrunken sind. Am nächsten Tag legt der Hausherr des Hauses, in dem die Diskussion stattgefunden hat, die Entscheidung nüchtern zur erneuten Prüfung vor. Wenn sie sie immer noch billigen, wird sie angenommen, wenn nicht, wird sie verworfen. Umgekehrt wird jede Entscheidung, die sie im nüchternen Zustand treffen, im betrunkenen Zustand noch einmal überdacht."[38]

Herodot schrieb auch über den persischen Brauch der Proskynese oder des Auf-dem-Gesicht-Liegens vor Königen oder anderen Höhergestellten:

„Wenn die Perser einander auf der Straße begegnen, kann man sehen, ob die, die sich begegnen, von gleichem Rang sind. Anstatt sich mit Worten zu begrüßen, küssen sie sich auf den Mund, ist aber einer von ihnen dem anderen unterlegen, so küssen sie sich auf die Wangen, und ist einer von viel geringerem Rang als der andere, so fällt er vor ihm nieder und betet ihn an."[39]

Nach der Eroberung des Reiches übernahm Alexander der Große viele persische Bräuche, unter anderem verlangte er von seinen Militäroffizieren die Proskynese. Die Griechen waren an die Demokratie gewöhnt und empfanden Alexander als größenwahnsinnig, weil er von ihnen erwartete, dass sie sich ihm zu Füßen warfen.

Die alten Perser legten großen Wert darauf, die Wahrheit zu sagen. Sie betrachteten eine Person als rechtschaffen, wenn sie beständig ehrlich und integer lebte. Ihr Beharren darauf, nicht zu lügen und konsequent die Wahrheit zu sagen, erregte die Bewunderung der Griechen. Herodot sagte, dass ein persischer Junge seine Kindheit damit verbrachte, drei wesentliche Dinge zu lernen: wie man reitet, einen Pfeil schießt und die Wahrheit sagt. Für die Perser war Lügen eine große Schande, ja sogar eine Kardinalsünde. Sie waren der Meinung, dass man sich nicht verschulden solle, denn jemandem Geld zu schulden, führe oft zu Lügen.

Auf Lügen konnte manchmal die Todesstrafe stehen, und es konnte jemanden in die persische Vorstellung der Hölle schicken. Sie glaubten, dass die, die immer rechtschaffen die Wahrheit sprachen, in das Haus des Liedes und des guten Gedankens kommen würden, wo sie den Gott

---

[38] Herodotus, *Histories*, 1.133.
[39] Herodotus, *Histories*, 1.134.

Ahura Mazda auf seinem Thron und die himmlischen Lichter sehen würden. Die törichten Lügner hingegen gingen in das Haus der Lügen, die Heimat der Daevas (dämonische Gottheiten) des Chaos und der Unordnung, die nicht in der Lage sind, Wahrheit von Lüge zu unterscheiden. Dort würden sie in erbärmlicher Dunkelheit leiden.

Kyros der Große sagte nichts über seine persönliche Religion, doch nach der Eroberung Babylons betete er öffentlich den babylonischen Hauptgott Marduk an. Vielleicht wollte er damit den Babyloniern gefallen und seine Herrschaft über sie legitimieren. Auf dem Kyros-Zylinder spricht er davon, von Marduk gesegnet zu sein. „Marduk, der große Herr, schenkte mir als mein Schicksal die große Großzügigkeit dessen, der Babylon liebt, und ich suchte ihn jeden Tag in Ehrfurcht auf."[40]

Kyros stellte auch den Tempel von Jerusalem wieder her, den Nebukadnezar geplündert und zerstört hatte, gab die Tempelschätze zurück und bezahlte für die Restaurierung. „Der Herr, der Gott des Himmels, hat mir alle Königreiche der Erde gegeben, und er hat mich beauftragt, ihm einen Tempel in Jerusalem zu bauen, das in Juda liegt."[41]

Kyros allgemeine Politik, die für seine Nachfolger richtungsweisend war, bestand aus Wohlwollen gegenüber den eroberten Völkern und der Unterstützung ihrer religiösen Systeme. Er bemühte sich, Ungerechtigkeiten zu korrigieren, die frühere Herrscher einem Volk oder seinen Göttern angetan hatten. Er brachte Kultbilder zurück, die die babylonischen Könige aus anderen Städten nach Babylon gebracht hatten, und ließ Tempel im ganzen Reich reparieren. Kyros und die anderen achämenidischen Könige zeigten außergewöhnliche religiöse Toleranz gegenüber der Vielfalt der Religionen, die in den weiten Bereichen des Reiches praktiziert wurden. Alle Menschen im Reich waren frei, die Götter ihrer Wahl zu verehren.

Herodot bemerkte, dass die Perser keine Götterbilder hatten. Er stellte fest, dass die persischen Götter keine menschenähnlichen, fehlbaren Persönlichkeiten hatten. Im Gegensatz dazu heirateten seine eigenen griechischen Götter, bekamen Kinder, begingen Ehebruch, betrogen und bekämpften sich gegenseitig und waren von Natur aus ziemlich menschlich. Er sagte, die Perser würden die höchsten Berge besteigen, um ihrem Hauptgott zu opfern, und auch der Sonne, dem Mond, der Erde,

---

[40] Cyrus Cylinder, trans. Irving Finkel (The British Museum).
https://www.britishmuseum.org/collection/object/W_1880-0617-1941
[41] Ezra 2:2, Tanakh: Ketuvim: Book of Ezra.

dem Feuer, dem Wasser und den Winden Opfer darbringen.

Während der Achämenidenzeit wurde die zoroastrische Religion im Iran populär und verbreitete sich im ganzen Reich. Der Zoroastrismus entwickelte sich aus der alten vedischen Religion, aus der auch der Hinduismus hervorging. Die Anhänger der vedischen Religion besaßen weder Götzen noch Tempel. Sie opferten Tiere an einem heiligen Feuer und tranken einen berauschenden Saft aus der Soma-Pflanze, der eine halluzinogene Wirkung hatte.

Ein vedischer Priester namens Zarathustra (Zoroaster auf Griechisch) hatte eine Offenbarung, während er Opfer darbrachte. Der Gott Ahura Mazda erschien ihm. Nach dieser Vision begann Zarathustra zu lehren, dass Ahura Mazda der oberste Gott sei. Durch seinen heiligen Geist Spenta Mainyu schuf Ahura Mazda die Erde, die Menschen und alles Gute. Sechs andere Geister, die Amesha Spenta, schufen den Rest des Universums. Die giftige böse Energie von Angra Mainyu brachte jedoch Chaos in diese neue Schöpfung, so dass das Gute und das Licht das Böse und die Dunkelheit bekämpfen müssen.

Der Zoroastrismus war in gewisser Weise monotheistisch, da er einen einzigen höchsten Gott verehrte, doch gab es mehrere kleinere Gottheiten mit denselben Namen wie die vedischen, iranischen und hinduistischen Götter. Die Priester sangen und beteten zur Amesha Spenta und den Yazatas (kleinere göttliche Wesen). Artaxerxes II. betete zu Ahura Mazda, aber auch zu Mithra, dem Sonnengott, und zu Anahita, der Wassergöttin, und baute ihr in Babylon, Medien und Persien Tempel. Dies war offenbar das erste Mal, dass Kultbilder in persischen Tempeln auftauchten.

Dieses Bild stellt die Göttin Anahita dar, die von Artaxerxes II. verehrt wurde.

Die alten Perser, die den Zoroastrismus praktizierten, begruben oder verbrannten ihre Toten nicht, sondern praktizierten „Himmelsbestattungen". Sie legten die Körper ihrer Verstorbenen auf einen Berg, damit sie von den Geiern gefressen werden konnten. Sie glaubten, dass das Begraben von Leichen, die verwesten, die Erde verunreinigen würde. Nachdem das Skelett sauber und von der Sonne gebleicht worden war, sammelten sie die Knochen ein und legten sie in Kalkgruben. Der Brauch der Himmelsbestattung ist ein Überbleibsel des ursprünglichen vedischen Glaubens und wird noch heute von den Zoroastriern in Indien und den tibetischen und mongolischen Buddhisten praktiziert.

Wie Herodot feststellte, beteten die alten Perser im Allgemeinen unter freiem Himmel, meist auf einem Berggipfel, und bauten nicht oft Tempel. Allerdings wurden im östlichen Iran, in Afghanistan und Turkmenistan mehrere Tempelanlagen gefunden, die bis ins 14. Jahrhundert v. u. Z. zurückreichen. An keiner der Stätten befanden sich Kultbilder (Idole), da diese nicht Teil der frühen Religion der Perser waren. Es gab jedoch Beweise für die Anbetung des Feuers, die Teil des alten vedischen Kultes war. [42]

Die Befestigungstafeln oder Gründungstafeln von Persepolis (506 und 497 v. u. Z.), die in der Fundamentschicht der Stadtmauern gefunden wurden, verweisen auf die Verehrung sowohl elamitischer als auch iranischer Götter und beschreiben Priester und Rituale, erwähnen aber keine Tempel. Dareios der Große rühmte sich in einer Inschrift des Wiederaufbaus der Ayadana (Tempel), die von Gaumata dem Weisen, der sich als Kambyses' Sohn Bardiya ausgab, zerstört worden waren. Dareios erwähnte jedoch nicht, wo sich die Tempel befanden oder welche Götter dort verehrt wurden. Xerxes I. schrieb, dass es in seinem Reich einen Tempel für die Daeva (Dämonen)-Verehrung gab, den er zerstörte und damit das Gebiet reinigte. Aber wir haben keine Ahnung, um welche Länder und welche Tempel es sich handelte.

Ein in Sistan, im östlichen Iran, gefundener Tempel wurde zu Lebzeiten von Kyros dem Großen erbaut, aber nach etwa einem Jahrhundert wieder aufgegeben. Die Lehmziegelstruktur war quadratisch, mit Räumen in jeder Ecke und drei großen Altären in der Mitte des Hofes, was auf eine Triade von Göttern hindeutet. Asche und verbrannte

---

[42] Michael Shenkar, „Temple Architecture in the Iranian World before the Macedonian Conquest," *Iran & the Caucasus* 11, no. 2 (2007): 169–71. http://www.jstor.org/stable/25597331.

Knochen deuten auf Tieropfer hin, die von den alten Zoroastriern ebenso wie von vedischen Anbetern und anderen Religionen praktiziert wurden. Zwei quadratische, turmähnliche Strukturen in Pasargadae, der wichtigsten achämenidischen Hauptstadt zur Zeit von Kyros, scheinen Tempel zu sein. [43]

Als die nomadischen Perser in den Iran kamen, beeinflussten die antiken Kulturen, denen sie begegneten, ihren künstlerischen und architektonischen Stil. Die Perser waren Assimilatoren, die Anleihen bei den Kulturen des Irans und des gesamten Reiches machten und diese Ideen zu einem unverwechselbaren persischen Aussehen verschmolzen. Ihre Aneignung anderer Bräuche veranlasste Herodot zu der Bemerkung: „Die Perser nehmen mehr fremde Bräuche an als alle anderen".

Die Stadt Persepolis in der Nähe des Zagros-Gebirges ist ein hervorragendes Beispiel für persische Architektur. Kyros der Große wählte diesen Ort für sein religiöses Zentrum oder seine zeremonielle Hauptstadt. Er entwarf die eleganten Gebäude der neuen Stadt, die ihm vorschwebte, aber erst Dareios der Große begann mit der Umsetzung von Kyros' Plänen. Dareios veranlasste den Bau von fünf Hallen mit prächtigen Eingängen und sein Sohn Xerxes vollendete den größten Teil der Bauarbeiten.

Der Höhepunkt der Architektur von Persepolis war die prachtvolle Apadana, die Königshalle, in der die Untertanen ihrem Monarchen Tribut zollten und Geschenke erhielten. Stierfiguren ruhten an der Spitze der majestätischen, zwanzig Meter hohen Säulen, die das Dach stützten. Zwei hohe, mit Flachreliefs geschmückte Treppen führten zum nördlichen und östlichen Ende des Saals. Die Reliefs zeigten die verschiedenen Ethnien des Reiches in ihrer charakteristischen Kleidung und präsentierten dem König Tribute, darunter ein Nilpferd der Ägypter. Exquisite Gärten umgaben die Apadana.

Xerxes baute auch das Tor aller Völker in Persepolis. Es handelte sich um eine prächtige Halle auf einem 25 Meter großen Platz, der von vier 16,5 Meter hohen Säulen geziert wurde. Es diente als Tor zur Westmauer der Stadt für Könige aus anderen Ländern und Satrapen aus dem ganzen Reich. Zwei Lamassus (himmlische geflügelte Stiere mit menschlichen Köpfen) bewachten die Schwelle vor dem Bösen.

---

[43] Michael Shenkar, „*Temple Architecture*," 172-8.

Lamassus, Stier mit menschlichem Kopf, bewachten das Tor aller Völker.
Modifiziertes Foto. Credit: David Holt from London, England, CC BY-SA 2.0
<https://creativecommons.org/licenses/by-sa/2.0>, via Wikimedia Commons;
https://commons.wikimedia.org/wiki/File:Iran_2007_081_Persepolis_Gate_of_all_Nations_(17316
28479).jpg

Der tatkräftige König Dareios I. baute auch Susa, die Sommerhauptstadt Persiens, wieder auf und gestaltete die von Kyros dem Großen entworfenen exquisiten Gärten. Emaillierte Schnitzereien mit farbenprächtigen Tieren und Palmen schmückten den Palast und die Apadana. Zwei der Reliefs waren besonders interessant. Eine Kreatur hatte einen Löwenkörper mit Flügeln und den Kopf eines Menschen. Ein weiteres auffälliges Bild war ein weißes Einhorn vor einem hellblau glasierten Kachelhintergrund. Es hatte Adlerschwingen, einen Löwenschwanz und ein spiralförmiges Horn.

Dieses Einhorn schmückte die Apadana in Susa.

Kyros der Große wurde in einem freistehenden Grab in Pasargadae beigesetzt, aber vier achämenidische Königsgräber wurden auf einem hohen Felsen nordwestlich von Persepolis eingemeißelt. Inschriften weisen darauf hin, dass Dareios I. im ersten Grab beigesetzt wurde. Bei den anderen handelt es sich wahrscheinlich um Xerxes I., Artaxerxes I. und Dareios II. Jedes Grab hat einen kreuzförmigen Eingang, der in einen kleinen Raum führt, in dem sich der Sarkophag befand, mit Flachreliefs an der Felswand, die den jeweiligen König und ein Ereignis aus seinem Leben darstellen.

Die Perser waren schon in der frühen Achämeniden-Dynastie für ihre Landschaftsgärten bekannt. Kyros der Jüngere soll General Lysander erzählt haben, dass er jeden Tag gärtnere, wenn er nicht gerade auf Kriegszügen sei. Lysander besuchte den von Kyros dem Jüngeren angelegten Garten in Sardes und bewunderte seine rechteckige Symmetrie, die in Reihen gepflanzten Bäume und die in der Luft schwebenden Düfte. Persische Gärten verfügten über Pavillons, Brunnen, Teiche und sonnige Bereiche, die mit schattigen Ruhezonen kombiniert waren. Die Gärten waren oft mit einem Innenhof verbunden, der durch Gewölbebögen abgetrennt war.

Die Perser entwickelten eine bemerkenswerte Technologie für den Zugang zu Wasser in ihren trockenen Gebieten, um ihre wertvollen Gärten zu pflegen. Wichtiger noch: Sie verfügten über Wasser für den Verbrauch und den Anbau von Nahrungsmitteln. Ihr Qanat-Bewässerungssystem leitete das Wasser aus einem unterirdischen Aquädukt herauf, anstatt wie die Mesopotamier und Ägypter Flusssysteme zu nutzen. Das unterirdische System ermöglichte den Wassertransport über große Entfernungen ohne große Verdunstung und war resistent gegen Überschwemmungen, Erdbeben und Zerstörung durch Feinde. Die Anzapfung des unterirdischen Grundwasserspeichers sorgte auch in Dürrezeiten für eine relativ konstante Wasserzufuhr. Die Perser bauten das Qanat-System mit einem schrägen Tunnel, der von den Grundwasserleitern ausging, und mit unregelmäßigen vertikalen Schächten, die das Wasser nach oben brachten.

Diese künstlerische Darstellung zeigt den Palastgarten von Persepolis.
https://commons.wikimedia.org/wiki/File:Persepolis_T_Chipiez.jpg

Der unermüdliche Dareios der Große baute die Königsstraße der Achämeniden, ein interkontinentales Straßennetz, das sich über 2.400 Kilometer von Persien bis zum Ägäischen Meer erstreckte. Für die Strecke von Susa nach Sardes benötigte man zu Fuß neunzig Tage. Zweige der Straße reichten im Süden bis nach Indien und Ägypten, im Osten bis ins heutige Afghanistan, im Norden bis in die heutige Türkei und im Westen bis zum Hellespont und nach Europa. Die Königsstraße diente nicht nur dem Landverkehr, sondern verband auch Flüsse, Kanäle und Seehäfen und umfasste einen Kanal, der vom Nil zum Roten Meer führte.

Der Oxus-Schatz aus Gold- und Silberschmiedearbeiten, der am Fluss Oxus entdeckt wurde, zeugt von der exquisiten Kunstfertigkeit des Achämenidenreiches. Der Fluss Oxus verlief zwischen dem heutigen Afghanistan und Turkmenistan, dem angestammten Heimatland der Perser. Die Schmuckstücke, Münzen, Figuren und andere Gegenstände wurden von den Tempelpriestern zum Schutz während eines Aufstandes am Flussufer versteckt und nie wiedergefunden. Eine ungewöhnliche Trockenzeit senkte den Flusspegel und legte den Schatz im Jahr 1880 frei.

Die komplizierte Handwerkskunst zeigt spektakuläre metallurgische Fähigkeiten, die auf ägyptische und assyrische Einflüsse schließen lassen. Viele der eleganten Stücke scheinen aus Goldblech geschnitten zu sein. Der Schatz weist auf die bedeutende Produktion von Silber- und Goldschmuck im Persischen Reich hin, das viele der künstlerischen Zentren der antiken Welt umfasste.

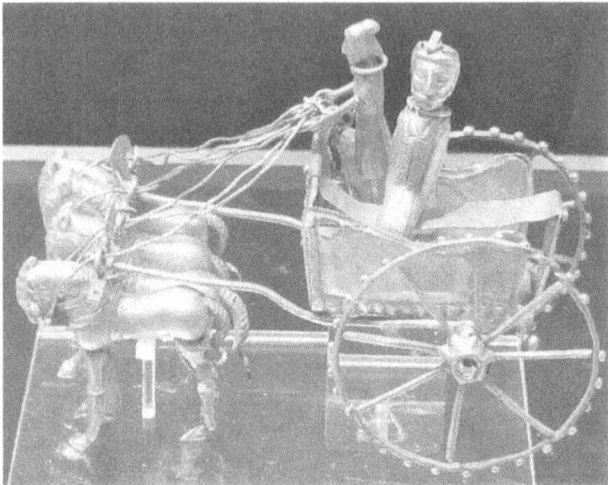

Dieser goldene Miniaturwagen vom Oxus-Fluss zeugt von erlesener Edelmetallkunst.
BabelStone, CC BY-SA 3.0 <https://creativecommons.org/licenses/by-sa/3.0>, via Wikimedia Commons; https://commons.wikimedia.org/wiki/File:Oxus_chariot_model.jpg

Das Achämenidenreich vereinte zahlreiche Kulturen aus drei Kontinenten zu einer einzigen Supermacht. Die Perser respektierten alle Kulturen und Religionen und förderten eine Gesellschaft, in der jeder die verschiedenen Ethnien, die sich miteinander vermischten, schätzen und von ihnen lernen konnte. Sie verschmolzen dieses Wissen und Können zu ihrer eigenen, unverwechselbaren Kultur, die Architektur, Technologie und Kunst über Jahrhunderte hinweg beeinflusste. Die persische Kultur lebt in einer lebendigen, einzigartigen Mischung aus alten und modernen Innovationen weiter.

Kapitel 14: Militärtaktik

Die persische Militärmaschinerie war das Rückgrat des Achämenidenreiches. Sie diente nicht nur der Expansion des Reiches durch Eroberungen, sondern auch zur Aufrechterhaltung der Ordnung in den weit verstreuten Provinzen und dem Schutz der Grenzregionen vor Invasionen. Beginnend mit den Persern und ihren medischen Verwandten wandelte sich das Militär mit der Eroberung neuer Nationen eroberte und assimilierte neue Krieger mit neuen Fähigkeiten und Taktiken. Das achämenidische Militär war nicht länger eine medisch-persische Armee, sondern eine internationale Macht, die die antike Welt erschütterte.

Das Achämenidenreich (559-330 v. u. Z.) begann mit einer Streitmacht von bis zu 150.000 Medern und Persern. Sie eroberten neue Regionen und schlossen Bündnisse mit anderen, wodurch Zehntausende neuer Krieger hinzukamen. Die kleinste Einheit der Armee war eine zehnköpfige Truppe, die Dathaba. Zehn Dathaba-Trupps bildeten eine Kompanie, die Satabam genannt wurde, und zehn dieser Trupps bildeten ein Tausend-Mann-Regiment, das Hazarabam. Zehn dieser Regimenter bildeten eine Division, die Haivarabam genannt wurde. Uniformen in verschiedenen Farben kennzeichneten die verschiedenen Einheiten.

Das Militär des Achämenidenreiches bestand aus drei Kategorien: Teilzeitsoldaten, Vollzeitprofis und die Elitedivision, die Herodot die „Unsterblichen" nannte. Die Sparabara-Krieger kämpften während der militärischen Saison zwischen der Frühjahrspflanzung und der Herbsternte. Wenn sie sich nicht auf einem Feldzug befanden, waren sie Bauern, Hirten oder Handwerker. Sie wurden jedoch von Jugend an im

Bogenschießen und anderen Kampffertigkeiten gut ausgebildet.

Die Zeichnung zeigt drei Ethnien (unter vielen) in Xerxes' Armee: einen persischen Fahnenträger auf der linken Seite, einen Armenier in der Mitte und einen Kappadokier auf der rechten Seite.
https://commons.wikimedia.org/wiki/File:Soldiers_of_Xerxes_army.png

Die Sparabara trugen gesteppte Leinenrüstungen und hatten Erfahrung mit dem zehn Fuß langen „Apfelträger"-Speer, benannt nach seinem bronzenen Gegengewicht. Die Sparabara setzten diese langen Speere in der vordersten Linie der persischen Streitkräfte ein. In der Regel hielten sie ihre großen rechteckigen Weidenschilde nebeneinander, um eine Mauer zu bilden, aus der die Speere herausragten, um jeden Angreifer aufzuspießen. Hinter ihnen schleuderten die Speerwerfer ihre Waffen, während die Bogenschützen Pfeile über ihre Köpfe hinweg abfeuerten. Die Weidenschilde hielten zwar Pfeile ab, waren aber ein schlechter Schutz gegen die achtzehn Fuß langen Sarissen von Alexander dem Großen.

Kyros der Große erkannte schnell, dass er ein vollwertiges Militär brauchte, um mit internen und externen Bedrohungen und langen Feldzügen in fernen Ländern fertig zu werden. Er bildete eine professionelle Landarmee namens Spada, die aus Infanterie, einer Kavallerie aus Schlachtrössern, Kamelen und einigen Streitwagen bestand. Das Berufsheer bestand aus Kriegern aus anderen Teilen des Reiches. Später heuerten die Perser griechische Söldner an, die einen beträchtlichen Teil ihrer Streitkräfte ausmachten. Sie erhielten kostenloses Essen und einen Gold-Dareikos pro Monat als Sold. Obwohl das achämenidische Militär Bürger aus dem ganzen Reich und griechische Söldner einsetzte, bevorzugte es die iranischen Stämme, die mehr Soldaten stellten, aber weniger Tribut zahlten. Neben den ethnischen Persern stellten die Meder die zweitgrößte Streitmacht, zu der auch viele Generäle des Reiches gehörten. Auch die Baktrier und andere ostiranische Stämme stellten viele Kämpfer.

Zu den professionellen Streitkräften gehörte eine Elitetruppe, die Herodot die „Unsterblichen" nannte. Es handelte sich dabei um hochqualifizierte Infanteristen und einige Kavalleristen, die genau zehntausend Mann zählten. Noch besser ausgebildete Männer befanden sich in der Reserve. Wenn ein Unsterblicher verwundet wurde, schwer erkrankte oder in der Schlacht fiel, sprang sofort ein Reservesoldat an seiner Stelle ein. Die Unsterblichen dienten auch als kaiserliche Garde.

Die Unsterblichen waren die persische Elitedivision des achämenidischen Militärs.
Pergamon Museum, CC BY 2.0 <https://creativecommons.org/licenses/by/2.0>, via Wikimedia Commons; https://commons.wikimedia.org/wiki/File:Persian_warriors_from_Berlin_Museum.jpg

Die meisten Unsterblichen waren Perser, aber auch einige Meder und andere Iraner waren darunter. Die Unsterblichen trugen Helme aus Bronze und entweder bronzene Brustpanzer oder Schuppenpanzer: kleine Platten aus Metall, Leder oder Horn in überlappenden Reihen.

Ihre Schlachtrösser trugen ebenfalls einen Bronzeschutz an Kopf, Brust und Widerrist. Sie trugen einen Bogen über der Schulter und einen Köcher mit Pfeilen bei sich. Sie kämpften auch mit kurzen Speeren, Schwertern, Schleudern und Dolchen. Während die meisten Armeen mit lautem Kriegsgeschrei aufeinander losgingen, marschierten die Unsterblichen unheimlich still auf den Gegner zu. Der Feind spürte ein leichtes Zittern unter seinen Füßen, wenn zehntausend Männer auf ihn zustürmten, aber alles, was er hörte, war ein leises Klirren der Waffen und ein gleichmäßiges Stampfen der Füße. Diese psychologische Taktik verunsicherte die feindlichen Truppen so sehr, dass sie manchmal kampflos flohen.

Kamele, Maultiere und Wagen folgten den Unsterblichen und transportierten ihre Diener, Konkubinen, besondere Speisen und Vorräte. Die glasierten Kachelreliefs in den persischen Hallen zeigen die Unsterblichen in knöchellangen Tuniken, aber diese Kleidung war mit ziemlicher Sicherheit für zeremonielle Zwecke bestimmt, da sie für die Kriegsführung zu schwerfällig gewesen wäre. Auf dem Schlachtfeld trugen sie wahrscheinlich enganliegende Hosen oder gemusterte Leggings mit kurzen Tuniken, wie es auch die regulären persischen Soldaten taten.

Persische Jungen aus führenden Familien begannen ihre militärische Ausbildung im Alter von fünf Jahren, andere Jugendliche im Alter von fünfzehn Jahren. Sie wurden im Reiten und Striegeln von Pferden, im Laufen, Bogenschießen, Speerwerfen und Schwertkampf unterrichtet. Durch wiederholtes Exerzieren, lange Märsche und karge Mahlzeiten entwickelten sie Disziplin. Sie traten mit zwanzig Jahren in den aktiven Militärdienst ein, und Berufssoldaten schieden mit fünfzig Jahren aus. Die Teilzeitsoldaten dienten, wenn sie für Feldzüge oder einzelne Schlachten einberufen wurden. Jede Satrapie verfügte über eine eigene Armee, die schnell eingesetzt werden konnte, wenn in der Region ein dringender Bedarf bestand.

Von Anfang an waren die Perser und Meder erfahrene Reiter, so dass ihre Infanterie stets von einer tödlichen Kavallerieabteilung begleitet wurde. Kyros der Große vergrößerte den Anteil seiner Kavallerie in seinen späteren Jahren von etwa zehn Prozent seiner Streitkräfte auf zwanzig Prozent. Xerxes I. marschierte mit einer Elitekavallerie von 1.000 Mann an der Spitze gegen Griechenland, weiter hinten standen 100.000 Mann reguläre Kavallerie. Das achämenidische Militär kämpfte mit über zehntausend Reitern gegen Alexander den Großen. Aus den Beschreibungen verschiedener Schlachten geht hervor, dass von Xerxes I.

bis Dareios III. ein Eliteregiment von eintausend Reitern bestand. Bei diesen Soldaten handelte es sich wahrscheinlich um persische Adlige auf Pferden aus dem persischen Kernland.[44]

Die persischen Wagenlenker setzten vier Pferde ein, um Zwei-Mann-Wagen zu ziehen, die schwerer waren als die babylonischen und ägyptischen Wagen. Ein Mann lenkte die Pferde, während der andere mit Speeren oder Pfeilen kämpfte. An den Rädern der persischen Streitwagen waren Sensen befestigt, mit denen Beine abgetrennt oder Arterien durchtrennt werden konnten. Als der Satrap Pharnabazos unerwartet auf ein Heer griechischer Soldaten traf, tötete er einhundert Männer und schlug den Rest mit nur zwei Sensenwagen und vierhundert Reitern in die Flucht.

Kyros der Große benutzte Kamele üblicherweise als Packtiere auf seinen Feldzügen. In der Schlacht von Thymbra setzte er sie jedoch an der Front ein, was die lydischen Pferde, die noch nie Kamele gesehen oder gerochen hatten, in Angst und Schrecken versetzte, so dass sie vom Schlachtfeld flohen. Mehr als sechs Jahrzehnte später setzte Xerxes bei seiner zweiten Invasion Griechenlands Tausende von arabischen Bogenschützen auf Kamelen ein. Als König Dareios III. in der Schlacht von Gaugamela gegen Alexander antrat, postierte er fünfzehn Kriegselefanten aus Indien in der Mitte seiner Frontlinie. Sie versetzten die griechischen Truppen so sehr in Angst und Schrecken, dass Alexander dem Gott der Angst ein Sonderopfer darbrachte. Der Einsatz der Elefanten in der eigentlichen Schlacht wird jedoch nicht erwähnt.

Die persischen, elamitischen, medischen und skythischen Bogenschützen des achämenidischen Militärs versetzten ihre Gegner in Angst und Schrecken. Sie benutzten einen ungeheuer starken Kompositbogen aus Holz, Horn und Tiersehnen, der mit Tierharz zusammengeleimt war. Diese Bögen schossen tödliche Pfeile mit drei Klingen und Spitzen aus einer Kupferlegierung ab. Obwohl die Perser auch im Nahkampf mit Speeren, Schwertern und Äxten kämpfen konnten, zogen sie es vor, mit ihren überlegenen Bogenschießkünsten aus der Ferne zu kämpfen. Die Bogenschützen trugen ihre Köcher zum schnellen Nachladen oft an der Hüfte und konnten bis zu zehn Pfeile in einer Minute abschießen und nachladen. Eine Abteilung von 10.000 Bogenschützen konnte bis zu 100.000 Pfeile in einer Minute abschießen.

---

[44] Michael B. Charles, „Achaemenid Elite Cavalry: From Xerxes to Darius III," *The Classical Quarterly* 65, no. 1 (2015): 14–34. http://www.jstor.org/stable/43905638.

Diese Elfenbeinschnitzerei zeigt einen persischen Kavallerie-Bogenschützen in der Schlacht von Gaugamela.

Die Perser übernahmen von den Skythen die Sagaris-Kampfaxt oder den Sagaris-Kriegshammer. Sie hatte einen langen, dünnen Stiel, der fast einen Meter lang war, und entweder einen stumpfen Metallhammerkopf oder eine schwere Klinge trug. Sie war leicht genug, um einhändig zu Pferd oder zu Fuß eingesetzt zu werden, konnte aber auch Rüstungen und Helme durchbohren.

Kriegsingenieure gewannen oft Schlachten für die persischen Streitkräfte. In Babylonien und Ägypten leiteten sie Flüsse in Bewässerungskanäle um, damit die Truppen durch sonst unpassierbare Flüsse waten oder Belagerungsmaschinen an die Stadtmauern heranrollen konnten. Die Ingenieure marschierten den achämenidischen Truppen voraus, um Brücken und Straßen zu bauen oder zu reparieren. Schon lange vor Xerxes' Ein-Meilen-Brücke über die Meerenge der Dardanellen hatten sie Bootsbrücken gebaut. Die Ingenieure von Dareios I. konstruierten eine 760 Meter lange Bootsbrücke über den Bosporus. Xenophon berichtet von einer Brücke mit siebenunddreißig Booten über den Tigris und sieben Schiffen über den Mäander.

Das Achämenidenreich verfügte über ein erstaunliches Kommunikationssystem. Angenommen, eine Satrapie im westlichen Teil des Reiches revoltierte oder wurde überfallen. In diesem Fall konnte die Nachricht den König in Persien schnell erreichen, so dass er sich unverzüglich um den Notfall kümmern konnte. Die berittenen Kuriere stürmten die Königsstraße hinunter und wechselten ihre Pferde in regelmäßigen Abständen an den Wegstationen. Sie benutzten Feuersignale von Türmen auf Berggipfeln aus. Der Einsatz von Licht- und Spiegelsignalen in der Ägäis ermöglichte es der Marine, innerhalb von Stunden Nachrichten über den Ausgang von Schlachten auf dem griechischen Festland zu erhalten.

Kyros der Große und seine Nachfolger setzten Belagerungsmaschinen ein, bei denen es sich um acht Meter hohe, mobile Türme auf einem Rollwagen handelte. Acht Ochsen zogen jeden Turm, in dem zwanzig Soldaten Platz fanden. Die Höhe des Turms ermöglichte es den Bogenschützen, von den oberen Brüstungen ihre Pfeile über die Stadtmauern zu schießen. Sie konnten auch Feuergeschosse abfeuern. Die Belagerungsmaschinen wurden auch auf dem Schlachtfeld eingesetzt, um von den hohen, geschützten Türmen aus Pfeile oder schwerere Geschosse abzuschießen.

Der Tross für die gewaltigen achämenidischen Armeen war ein riesiges Unternehmen mit Gepäckzügen, Versorgungsschiffen, Köchen, Ärzten und anderen Elementen, die für die Unterbringung von Zehntausenden von Kriegern benötigt wurden. Ein Teil des Trosses reiste dem Heer voraus, um Trinkwasser, Lagerplätze und Weideflächen für die Pferde, Maultiere und Kamele auszukundschaften. Zusätzlich zu ihren Triremen, die keine Laderäume für Lebensmittel und andere lebenswichtige Dinge hatten, setzte die persische Marine Versorgungsschiffe ein, die bis zu fünfhundert Tonnen transportieren konnten. Außerdem setzten sie Transportschiffe ein, die jeweils dreißig Pferde transportieren konnten.

Ist Xerxes wirklich mit einem Millionenheer in Griechenland einmarschiert? Einige Quellen sprechen von bis zu drei Millionen Menschen, einschließlich des Trosses und der Flotte. Das Achämenidenreich hatte damals eine geschätzte Bevölkerung von fast fünfzig Millionen Menschen, so dass eine Million Mann durchaus möglich sein könnte. Allerdings ist die logistische Herausforderung, eine Million Männer für einen monatelangen Feldzug fern der Heimat zu verpflegen, unvorstellbar. In den Berichten wird erwähnt, dass ihnen oft das Trinkwasser ausging und dass die Armee auf dem Rückweg nach Asien hungerte.

Das persische Militär begann eine Schlacht in der Regel mit der Entsendung der Kavallerie, um die feindlichen Linien zu durchbrechen. Die Reiter warfen Speere, feuerten Pfeile ab und versuchten, den Gegner von der Seite anzugreifen. Sie versuchten, ihre Gegner zu einem Haufen zusammenzutreiben, um sie zu einem leichten Ziel für ihre Bogenschützenabteilung zu machen, die Tausende von Pfeilen pro Minute abschießen konnte. Wenn sich der Feind zerstreute, anstatt sich zusammenzuschließen, konnten die Reiter und Wagenlenker ihn leicht ausschalten.

Diese Taktik erforderte ausreichend flaches Gelände, auf dem die Kavallerie und die Streitwagen leicht manövrieren konnten. Außerdem war es hilfreich, einen undisziplinierten Gegner zu haben, der nicht sehr mobil war. Wenn die Perser gegen die Skythen kämpften, verloren sie oft, weil die gesamte skythische Streitmacht beritten war und sich schnell in verschiedenen Formationen bewegen konnte. Die Perser taten sich schwer mit Schlachten in Griechenlands bergigem, felsigem Gelände, in dem die Pferde nicht gut manövrieren konnten. Die Griechen fanden Wege, die von den Persern bevorzugte Strategie des Fernkampfes mit Kavallerie und Pfeilen zu umgehen. Sie kämpften von den Bergen aus oder zwangen die Perser, auf engen Schlachtfeldern zu kämpfen, wo der Nahkampf die einzige Option war.

Die angestammte Heimat der Perser war das zentralasiatische Binnenland, doch das Achämenidenreich stellte die erste kaiserliche Flotte der Welt auf. Da sie nicht an Schiffe gewöhnt waren, machten sie sich die Phönizier zunutze, die sich kampflos Kyros dem Großen unterworfen hatten und seitdem zumeist loyale Bürger des Reiches waren. Die Phönizier waren seit prähistorischen Zeiten ein Seefahrervolk und Experten im Schiffsbau und in der Seekriegsführung. Die Perser setzten auch ägyptische und griechische Söldner für den Bau und die Bemannung ihrer Schiffe ein.

Der erste achämenidische König, der eine Flotte einsetzte, war Kambyses bei der Eroberung Ägyptens. Danach übte die Flotte des Reiches ihre Macht in der östlichen Ägäis, im Schwarzen Meer, im Mittelmeer und im Persischen Golf aus. Die Flotte operierte auch mit kleineren Schiffen auf dem Tigris, Euphrat, Nil und Mäander.

Ihre ersten Schiffe wurden Triremen genannt, waren etwa 36 Meter lang, fünf bis sechs Meter breit und konnten bis zu 300 Mann befördern. Der Name kam von den drei Ruderreihen, mit denen das Schiff zusammen mit einem quadratischen Segel angetrieben wurde. Der

Tiefgang (der Teil unter Wasser) war gering, nur etwa 90 Zentimeter, so dass die Matrosen sie leicht an Land ziehen konnten, was sie auch oft taten. Bei Höchstgeschwindigkeit, die die Schiffe in dreißig Sekunden erreichen konnten, erreichten sie etwa zwölf Knoten pro Stunde und verfügten bei Schiffsgefechten über eine ausgezeichnete Beweglichkeit auf See. Aus dem Bug ragte ein bronzener Rammsporn in Form einer langen, spitz zulaufenden Pike hervor, mit dem die Rümpfe der feindlichen Schiffe aufgespießt und aufgeschlitzt wurden. Die Matrosen benutzten Enterhaken, um an feindlichen Schiffen festzumachen. Die meisten Schiffe verfügten über zwei Katapulte, um Steine oder brennende Geschosse auf den Gegner zu schleudern. Die persischen Triremen verfügten über 170 Ruderer und nahmen weitere Marinesoldaten für den Kampf mit.

Sie mussten ihre Schiffe alle paar Tage auf den Strand setzen, um sie zu trocknen, da sie sich mit Wasser vollsaugten, was manchmal unangenehm wurde, wenn der Feind in der Nähe war. Die achämenidische Flotte führte später weitere Schiffstypen ein. Dazu gehörten die größeren Quinqueremen, die zusätzliche Männer und Waffen aufnehmen konnten, sowie die kleineren Pentekonter und Triakonter, die wendiger waren und sich besser für die Flussfahrt eigneten.

Die persischen Flottenstützpunkte befanden sich an der Küste Phöniziens, auf der Insel Zypern, in Kilikien auf dem Festland nordöstlich von Zypern und in Kyme in Ionien. Außerdem verfügten sie über einen Flottenstützpunkt am Schatt al-Arab, wo die Flüsse Euphrat und Tigris zusammenfließen und in den Persischen Golf münden. Kleinere Stützpunkte befanden sich in Halikarnassos an der Südwestküste der heutigen Türkei, in Tripolis im Nordlibanon, auf Samos in Ionien und im Nildelta (wenn Ägypten nicht gerade revoltierte). Das Achämenidenreich unterhielt auch Handelssiedlungen entlang des Persischen Golfs und des Arabischen Meeres, darunter Oman, Bahrain, Jemen und der indische Subkontinent.

In der Anfangszeit der achämenidischen Flotte unter Kambyses verfügte die Flotte über etwa dreihundert Triremen mit rund einundfünfzigtausend Ruderern. Unter Dareios dem Großen verdoppelte sich die Flotte auf sechshundert Triremen und war ein entscheidender Faktor bei der Eroberung von Ionien und Thrakien. Unter seinem Sohn Xerxes verdoppelte sich die Zahl der persischen Kriegsschiffe nochmals auf 1.200 Kriegsschiffe, 3.000 Transportschiffe und mindestens 36.000

Mann Besatzung.

Doch die Flotte erlitt bei Salamis eine apokalyptische Niederlage gegen die griechischen Koalitionsflotten, wobei sie zusätzlich zu den in einer früheren Schlacht und zwei Stürmen verlorenen Schiffen viele weitere verlor. Die persische Flotte erholte sich nie wieder vollständig. Unter Xerxes' Sohn Artaxerxes I. erlitt die Flotte des Reiches einen weiteren katastrophalen Verlust von zweihundert Schiffen am Fluss Eurymedon, was das Ende ihrer Präsenz in der Ägäis bedeutete. Eine weitere demütigende Niederlage erfolgte 450 v. u. Z. auf Zypern.

Obwohl das persische Militär schließlich von Alexander dem Großen besiegt wurde, herrschte es über zwei Jahrhunderte lang als führende Kriegsmacht der Welt. Durch militärische Eroberungen breitete es sich von einer bescheidenen Provinz im heutigen Iran auf drei Kontinente aus und war damit das größte Reich, das es in der antiken Welt je gab. Die Eroberungen der Perser zeichneten sich durch ihre kriegerischen Fähigkeiten und ihre humane Behandlung der eroberten Völker aus, die sich unterwarfen. Viele Regionen, die vom Achämenidenreich angegriffen wurden, ergaben sich eher, als dass sie bis zum bitteren Ende Widerstand leisteten, da sie sich der Güte der Perser bewusst waren.

Kapitel 15: Herrschaft, Verwaltung und Wirtschaft

Das Achämenidenreich war der weltweit erste erfolgreiche Versuch einer groß angelegten Globalisierung, der verschiedene Ethnien und Nationen aus drei Kontinenten in einer politischen Einheit zusammenführte. Durch Handel und gemeinsamen Militärdienst vermischten sich die verschiedenen ethnischen Gruppen miteinander und lernten voneinander. Die persischen Könige ermutigten zum Austausch von Ideen und Bräuchen, förderten ein hohes Maß an Autonomie der lokalen Regierungen und sorgten für eine florierende Wirtschaft.

Die persischen Könige beherrschten ihr kolossales Reich mit erstaunlich bescheidener Kontrolle. Kyros der Große gab ein Beispiel für Toleranz und Aufgeschlossenheit, was zum achämenidischen Frieden (*Pax Achaemenica*) führte. Diese Stabilität unterschied sich deutlich von den vorangegangenen Konflikten zwischen den Staaten des Nahen Ostens, insbesondere von den drei Jahrhunderten brutaler Herrschaft unter dem Assyrerreich.

Kyros war dafür bekannt, dass er besiegte Monarchen freundlich behandelte und ihnen oft eine Position an seinem Hof oder als Statthalter über ihr eigenes oder ein anderes Reich anbot. Sein Respekt für die verschiedenen Religionen und Kulturen verschaffte ihm die Wertschätzung der eroberten Völker und führte zu einer friedlichen Herrschaft. Ein Problem, mit dem er konfrontiert wurde, waren die alten Rivalitäten zwischen den verschiedenen Nationalitäten, die nun sein Reich bildeten. Kyros ging damit um, indem er jede ethnische Gruppe respektierte, aber auch den Austausch von Ideen durch den gemeinsamen Militärdienst und Handel untereinander förderte. Wie Kyros' Biograf Reza Zarghamee feststellte, „scheint Kyros verstanden zu haben, dass die Menschen von bestimmten Grundbedürfnissen angetrieben werden: der Erhaltung der sozialen Ordnung und der lokalen Autonomie".[45]

Zu den Kernelementen des Verwaltungssystems des Achämenidenreiches gehörte ein strukturierter Staat mit miteinander verbundenen Provinzen. Das Straßennetz förderte den Handel und die Kommunikation und ermöglichte die schnelle Verlegung von Truppen, was zu relativem Frieden und Wohlstand beitrug. Xenophon, ein Grieche, der als Söldner für Kyros den Jüngeren kämpfte, sah in Kyros dem Großen ein Vorbild an Staatskunst, das „alle anderen Monarchen in den Schatten stellte" und seine Untertanen dazu brachte, ihm gefallen zu wollen.

Die bemerkenswerte Toleranz, die Kyros und seine Nachfolger walten ließen, war eine Frage der politischen Zweckmäßigkeit. Wenn sie das Volk bei Laune hielten, waren Revolten weniger wahrscheinlich. Die achämenidischen Könige entwickelten ein nachhaltiges politisches Konzept und setzten einen Standard für die Staatskunst, den künftige Herrscher übernahmen. Nach der Eroberung des Achämenidenreiches ließ Alexander der Große die bereits bestehende Regierung im Wesentlichen bestehen.

Der einzige Bereich, in dem die Toleranz der achämenidischen Herrscher auf die Probe gestellt wurde, waren Revolten. Wenn Satrapien rebellierten, wurden sie schnell und hart bestraft. Die persischen Könige betrachteten Aufstände als persönlichen Angriff, als ein Versäumnis, ihr göttliches Recht auf Herrschaft und ihr Wohlwollen gegenüber ihren Bürgern anzuerkennen. Selbst wenn es Jahrzehnte dauerte und die Bemühungen mehrerer Könige erforderlich waren, wie im Falle Ägyptens, waren die Könige unnachgiebig, wenn es darum ging, abtrünnige Nationen wieder in die Schranken zu weisen.[46]

Unter Kyros dem Großen fungierten fünf Hauptstädte als Verwaltungszentren des Mammutreichs. Er nutzte weiterhin die Städte Babylon, Susa (die alte Hauptstadt Elams) und Ekbatana (die Hauptstadt

---

[45] Reza Zarghamee, *Discovering Cyrus*, 12.

[46] Maria Brosius, *A History of Ancient Persia: The Achaemenid Empire* (Hoboken, NJ: Wiley Blackwell, 2020), 1-2.

Mediens) und machte Sardes (die Hauptstadt Lydiens) zum Verwaltungszentrum der westlichen Satrapien. Außerdem errichtete er Pasargadae als seine erste Hauptstadt. Sie befand sich in der Provinz Fars, wo er und sein Sohn Kambyses begraben wurden. Dareios der Große fügte später Persepolis als Hauptstadt hinzu. Warum so viele Hauptstädte? Der König zog ständig im Reich umher, wenn er nicht auf Feldzügen war, um die Bindung zu seinen Untertanen zu stärken. Auch das saisonale Wetter machte einige Orte zu bestimmten Zeiten des Jahres attraktiver.

Der Tachara-Palast in Persepolis diente zeremoniellen Zwecken, war aber wahrscheinlich keine königliche Residenz.

Hansueli Krapf, CC BY-SA 3.0 <https://creativecommons.org/licenses/by-sa/3.0>, via Wikimedia Commons; https://commons.wikimedia.org/wiki/File:Tachara,_Persepolis.jpg

Interessanterweise haben Archäologen in einigen Hauptstädten wie Persepolis kein Gebäude gefunden, das als privater Wohnbereich des Königs diente. Die großen Apadana-Hallen dienten dazu, Hof zu halten, aber es gab keinen Ort, an dem der König und sein Gefolge schlafen, essen oder sich entspannen konnten. Wir wissen, dass Persepolis zur Zeit Alexanders des Großen niederbrannte, so dass es vielleicht hauptsächlich aus hölzernen Bauten bestand, die im Feuer verbrannten. Eine andere Theorie besagt jedoch, dass die Könige auf ihren Reisen in aufwendigen Zelten oder Pavillons wohnten, was eine Verbindung zu ihrer nomadischen Vergangenheit herstellen würde.[47]

Höflinge und Diener umkreisten den König am persischen Königshof, während er die wirtschaftlichen, militärischen, politischen und religiösen

---

[47] Ali Bahadori and Negin Miri, „The So-called Achaemenid Capitals and the Problem of Royal Court Residence," *Iran*, (2021) DOI: 10.1080/05786967.2021.1960881.

Angelegenheiten verwaltete. Er traf sich mit seinen Beratern, um die beste Vorgehensweise festzulegen, empfing Huldigungen von Würdenträgern, die ihn besuchten, und gab Feste für seine Adligen und sogar für das einfache Volk.[48] Er verkehrte auch mit seiner Familie: der Königinmutter, seiner Königin, seinen Brüdern und Schwestern, seinen Konkubinen und seinen Kindern, deren Zahl bei einigen der späteren Achämenidenkönige in die Hunderte ging.

Ein hoher Beamter, der „Meister der Tausend" genannt wurde, herrschte über den inneren Hof des Königs, in dem die Familie des Königs, persönliche Sklaven und Diener, königliche Leibwächter und die ranghöchsten Adligen saßen. Jeder, der eine Audienz beim König wünschte, musste sich an ihn wenden. Ein Beamter, der dem König regelmäßig Bericht erstattete, war sein Hauptspion, der als „Auge des Königs" bekannt war. Der Mundschenk des Königs befand sich fast immer in seiner Gegenwart, er war ein Diener, aber auch ein Vertrauter.

Im äußeren Hof waren die Köche, Bäcker, Weinkellner, Stallknechte, Übersetzer, Verwalter und Ärzte mit ihren Aufgaben beschäftigt. Die Mitarbeiter des äußeren Hofes kamen aus dem ganzen Reich. Die königlichen Eunuchen, die in ihrer Jugend kastriert worden waren, hatten viele Funktionen inne, oft bis hinauf zum Wesir des Königs, zu Militärgenerälen und Beratern. Sie dienten als Leibwächter und Diener im Harem und als Übersetzer und Boten, die zwischen dem inneren und dem äußeren Hof verkehrten.

Der persische König saß auf einem Thron mit Löwenfüßen und hoher Lehne und stützte seine Füße auf einen Schemel. Die meisten Menschen, die seine Gegenwart betraten, mussten sich vor ihm niederwerfen und seine Füße küssen. Der König hatte einen inneren Kreis von Beamten. Im Buch Esther ist von sieben Prinzen oder engen Beratern des Königs die Rede, die Perser und Meder waren. Sie waren möglicherweise verwandt und hatten den höchsten Rang im Königreich. Sie trafen sich regelmäßig mit dem König, der sie stets um ihren Rat bat.[49]

Die Königinmutter war die ranghöchste Frau am Hof und stand sogar über der Königin. Von der Mutter Dareios' des Großen, Irdabama, ist überliefert, dass sie ihre Privatgüter verwaltete, den Kauf und die Verteilung von Lebensmitteln überwachte und die Hofbeamten befehligte. In seiner Abwesenheit fungierte sie sogar als Stellvertreterin des Königs.

---

[48] Esther 1:1-8, Tanakh: Ketuvim: Book of Esther.
[49] Esther 1:13-14.

Sie reiste mit ihrem Gefolge durch das Königreich, oft unabhängig vom König. Eine königliche Zeltstadt begleitete den König und seine Familie auf militärischen Feldzügen. Im Zentrum des königlichen Zeltkomplexes stand das Zelt des Königs, das nach Osten ausgerichtet war und von den Zelten seiner Mutter, seiner Frau und seiner Töchter umgeben war. Seine Söhne und andere männliche Verwandte dienten gewöhnlich als Generäle und lagerten bei ihren Männern.

Wenn Persien neue Regionen eroberte, verweilte der König oder ein hochrangiger General eine Weile dort, um die neue Verwaltungsstruktur einzurichten und Regierungsführer zu ernennen. Der ernannte Gouverneur (Satrap) konnte derselbe sein wie zuvor oder der König konnte einen seiner Söhne oder einen bevorzugten Offizier auswählen, den er ehren wollte. Sobald alles eingerichtet war, brachen der König und sein Militär zu ihrem nächsten Ziel auf und überließen dem neu ernannten Satrapen die Leitung der Provinz (Satrapie). Das alltägliche Leben der Bürger verlief ähnlich wie zuvor.

Kyros der Große hatte sechsundzwanzig Satrapien, die seiner Zentralregierung unterstanden, und Dareios der Große erhöhte die Zahl der Satrapien auf sechsunddreißig. Der Satrap oder „Beschützer der Provinz" war der oberste Führer einer Satrapie oder Region. Der örtliche Satrap zog die Steuern ein, fungierte als „oberster Richter" für Straf- und Zivilsachen, sorgte für die Instandhaltung der Straßen und die Sicherheit vor Banditen und ernannte und überwachte die örtlichen Beamten.

Ein Militärgeneral, der dem König unterstand, rekrutierte und bildete eine lokale Armee für die Satrapie aus. Diese Armee schützte die Provinz und konnte vom König zu militärischen Einsätzen herangezogen werden. Ein Staatssekretär, der sowohl dem Satrapen als auch der Zentralregierung Bericht erstattete, führte Buch über Aufzeichnungen und Verwaltungsangelegenheiten. Zu seinen Aufgaben gehörte auch die Überwachung der Einziehung von Steuern und Abgaben. Obwohl jede Satrapie über ein hohes Maß an Autonomie verfügte, schickte das „Auge des Königs" seine nachrichtendienstlichen Beamten durch das ganze Reich, um jede sich anbahnende Situation zu überwachen.

Das altpersische Wort „dāta" bedeutete Gesetz und wurde verwendet, um auf das unveränderliche „Gesetz der Meder und Perser"[50], das königliche Gesetz für das Reich und das göttliche Gesetz zu verweisen.

---

[50] Esther 1:19 & Daniel 6:6-15, Tanakh: Ketuvim: Book of Esther & Book of Daniel.

Xerxes sprach vom Gesetz der persischen Gottheit Ahura Mazda, und Artaxerxes bezog sich auf das hebräische „Gesetz des Gottes des Himmels". Xerxes sagte, dass derjenige, der sowohl das Gesetz des Königs als auch das göttliche Gesetz befolge, „glücklich wird, während er lebt, und gesegnet, wenn er stirbt."

Die Perser glaubten, dass das Recht des Königs zu regieren und alle rechtlichen Befugnisse von Gott verordnet waren. Seit Dareios I. finden sich Hinweise auf das königliche Gesetz in babylonischen Aufzeichnungen, die Steuerzahlungen und Gerichtsverfahren vor einem Richter dokumentieren, der das königliche Gesetz zu befolgen hatte. Dareios führte ein neues, auf persischem Recht basierendes Gesetzbuch ein, das sich auf das Rechts- und Justizsystem des Reiches auswirkte. Alle vom König erlassenen Dekrete hatten Gesetzeskraft.[51]

Das achämenidische Gesetzbuch unterschied sich von den früheren Gerichtsverfahren im Nahen Osten. In der Antike konnten Menschen auf der Grundlage des Eids einer Person oder eines Gottesurteils für schuldig oder unschuldig befunden werden. Ein Beispiel für eine Prüfung aus dem babylonischen Gesetzbuch von Hammurabi war, dass sich eine Frau in den Fluss werfen musste, wenn sie des Ehebruchs beschuldigt wurde. Wenn sie ertrank, war sie schuldig, und wenn die Frau überlebte, war sie unschuldig. Gerichtsverfahren für bestimmte Verbrechen waren in den antiken Gesetzbüchern weit verbreitet. Im Gegensatz dazu verlangte das achämenidische Recht, dass vor Gericht rationale Beweise für Schuld oder Unschuld vorgelegt werden mussten, beispielsweise mehrere Zeugen. Eine weitere Änderung im Rechtssystem bestand darin, dass die Aussage einer Frau nun vor Gericht akzeptiert wurde, was auf den verbesserten Status der Frauen in der Gesellschaft hinwies.[52]

Ein hervorragendes Kommunikationssystem war von entscheidender Bedeutung, um die Zentralregierung über die Ereignisse in dem Reich, das sich vom indischen Subkontinent bis zur Ägäis erstreckte, auf dem Laufenden zu halten. Die Königsstraße, die Zentral- und Westasien durchquerte, unterstützte militärische Bewegungen und den Handel und ermöglichte den schnellen persischen Postdienst mit *pirradaziš (Boten)*. Ein aus Persien gesandter Brief konnte innerhalb von sieben Tagen in

---

[51] „Dāta," *Encyclopaedia Iranica.* Vol. VII, Fasc. 1 (2011): 114-15. https://www.iranicaonline.org/articles/data.

[52] „Achaemenid Judicial and Legal Systems," *Encyclopaedia Iranica,* Vol. XV, Fasc. 2 (2012): 174-77.

Sardes eintreffen.

Über hundert Relaisstationen entlang der Strecke ermöglichten es Pferden und Postboten, sich abzulösen. Herodot war von dem persischen Postdienst so beeindruckt, dass er die Worte schrieb, die heute in Stein gemeißelt über den Türen des Postamtes in der *Eighth Avenue* in New York City stehen: „Weder Schnee noch Regen, noch Hitze, noch die Dunkelheit der Nacht hält diese mutigen Boten davon ab, die ihnen zugedachten Aufgaben zügig zu erfüllen."

Das Achämenidenreich umfasste etwa drei Dutzend Satrapien mit unterschiedlichen lokalen Wirtschaftssystemen. Regionen wie Ionien, Babylonien, Ägypten und Phönizien verfügten über gut entwickelte und wohlhabende Volkswirtschaften, die auf dem See- und Flusshandel und einer jahrhundertelangen Hochkultur basierten. Andere Gebiete waren dezentralisiert und entwickelten sich aus Subsistenzlandwirtschaft oder Hirtengemeinschaften. In einigen Regionen waren Wirtschaft und Bevölkerung durch Dürre oder unaufhörliche Kriege vernichtet worden.

Im gesamten Reich war die Landwirtschaft der wichtigste Wirtschaftszweig, insbesondere der Anbau von Getreide wie Gerste oder Weizen sowie von Gemüse und Obst wie Gurken, Erbsen, Äpfeln und Datteln. Weintrauben wurden für die Herstellung von Wein angebaut, der ein beliebtes Wirtschaftsgut war. In Persien, Medien und Nordmesopotamien wurde viel Vieh gezüchtet, das Milchprodukte lieferte, die im ganzen Reich beliebt waren. Auch die Fischerei war ein florierender Wirtschaftszweig.

In vielen der von Persien eroberten Regionen gab es bereits ein System der Landverteilung, bei dem ein Teil des Landes dem Adel, ein Teil den Tempeln und ein Teil privaten Besitzern gehörte. Letzteres war oft in kleine Familiengrundstücke und größere Plantagen aufgeteilt, die von Pächtern bewirtschaftet wurden. Zwei Änderungen, die die achämenidischen Herrscher einführten, waren eine genaue Landvermessung und eine Umverteilung des Landes. Die ertragreichsten Ländereien wurden zwischen dem König, dem Adel, wohlhabenden Geschäftsleuten und (in Ägypten und Babylonien) den Tempeln aufgeteilt.

Das dem König zugewiesene Land diente der Viehzucht für die Fleischproduktion. Dort baute man auch Getreide und andere Dinge an, die von der königlichen Familie und ihrem Gefolge verbraucht wurden. Ein Teil des „Königslandes" wurde von und für das Militär bewirtschaftet.

Zur militärischen Ausbildung der Jugendlichen gehörten auch landwirtschaftliche Fertigkeiten, die Soldaten bestellten das Land selbst, wenn sie nicht auf Feldzügen waren, oder verpachteten die Parzellen. Ein Teil des „königlichen" Besitzes gehörte der Königin, den königlichen Prinzen und anderen Adligen wie den Satrapen. Buchhaltungsunterlagen belegen, dass Schafe und Wein an die Königin geschickt wurden und dass Hirten die Herden der Krone hüteten, deren Zahl in die Tausende ging. Aufzeichnungen zeigen, dass die Frau von Dareios II., Königin Parysatis, Felder in der Region Nippur in Babylonien besaß, die sie an ein Familienunternehmen verpachtete.

Die Krone besaß auch einige der Werkstätten und Handwerksbetriebe. So produzierte und exportierte Phönizien beispielsweise Glaswaren und Purpurfarbstoff. Die Ägypter, Babylonier und Ionier stellten Kleidung aus Baumwolle und Leinen her. Die Werkstätten im Besitz der Krone produzierten Waren oder Dienstleistungen für den königlichen Hof und beschäftigten mehr als sechzehntausend Arbeiter, darunter Steinmetze, Zimmerleute, Winzer, Weber und andere Spezialisten.

In Sardes unter Krösus geprägte goldene Löwe-Stier-Münze, um 561-546 v. u. Z.
Classical Numismatic Group, Inc. http://www.cngcoins.com, CC BY-SA 3.0
<http://creativecommons.org/licenses/by-sa/3.0/>, via Wikimedia Commons;
https://commons.wikimedia.org/wiki/File:Kroisos_ Circa _564-53-550-
39_BC._AV_Stater_(16mm,_10.76_g)._Heavy_series._Sardes_mint.jpg

Etwa ein Jahrhundert vor der Herrschaft von Kyros dem Großen begann man in der Antike, Münzen in flacher, runder Form mit einem Bild auf einer Seite zu prägen. Sie stammten ursprünglich aus Lydien, das später Teil des Achämenidenreiches wurde, aber das Münzwesen hatte sich noch nicht auf Persien ausgedehnt, als Kyros an die Macht kam. In der Antike verwendeten die Mesopotamier Talente, Minas und Schekel als Zahlungsmittel, die nicht die Form einer Münze hatten, sondern Silber- oder Goldstücke mit einem bestimmten Gewicht waren. Die

Perser übernahmen diese Währung, verwendeten aber weiterhin ihr altes Tauschsystem.

Als Kyros Lydien eroberte und sich mit dessen König Krösus anfreundete (nachdem er ihn fast verbrannt hatte), beschloss er 546 v. u. Z., in seinem Reich Münzen zu verwenden. Er übernahm die bereits bestehende lydische Münzprägung: die kroesidische Löwen- und Stiermünze, die in Sardes in Lydien geprägt wurde (das zur achämenidischen Hauptstadt für die westlichen Satrapien wurde). In Sardes wurden weiterhin die neuen Münzen des Reiches geprägt, und das Reich akzeptierte Münzen aus Griechenland als gesetzliches Zahlungsmittel und umgekehrt.

Um 500 v. u. Z. führte Dareios der Große eine neue Münzprägung ein: den Gold-Dareikos und den Silber-Siglos. Anstelle der doppelten Rückseitenprägung der ursprünglichen Münzen verwendete er eine einfache Rückseitenprägung. Er ersetzte den Löwen und den Stier durch das Bild des Königs, der mit einem Bogen und einem Speer läuft. Ein Gold-Dareikos, der ungefähr dem babylonischen 8,33-Gramm-Schekel entsprach, entsprach 20 Silber-Sigloi oder 25 griechischen Drachmen.

Dareios der Große stellte die Münzprägung auf den Gold-Dareikos mit seinem Bildnis um.
Classical Numismatic Group, Inc. http://www.cngcoins.com, *CC BY-SA 2.5*
<https://creativecommons.org/licenses/by-sa/2.5>, *via Wikimedia Commons;*
https://commons.wikimedia.org/wiki/File:Daric_coin_of_the_Achaemenid_Empire_(Xerxes_II_to_Artaxerxes_II).jpg

Als ihre Stadtstaaten oder Länder an das Achämenidenreich fielen, bestand die einschneidendste Veränderung für die Menschen darin, dass sie Tribut an Persien zahlen mussten. Unter Kyros dem Großen und Kambyses zahlten die Satrapen Tribut, meist in Form von Geschenken.

Dabei handelte es sich in der Regel um Spezialitäten der Region wie Edelmetalle, Edelsteine, Holz, Stoffe, Pferde oder Nahrungsmittel wie getrocknete Fische, Trockenfrüchte oder Getreide. Die Höhe des Tributs hing vom Reichtum der Satrapie ab, davon, ob sie Perser oder mit den Persern verwandt waren und davon, ob sie sich schnell ergaben oder Persien zu einer langen, teuren Belagerung zwangen.

Einige Satrapen zahlten eine Geldsteuer anstelle von oder zusätzlich zu den „Geschenken". Unter Dareios dem Großen, der 519 v. u. Z. ein standardisiertes, koordiniertes Steuersystem einführte, wurden die Zahlungen in Silber erhöht. Die Steuern basierten auf einer genauen Vermessung der Ländereien der einzelnen Satrapien, ihrer Fruchtbarkeit und dem Ertrag der einzelnen Ernten in einem durchschnittlichen Jahr. Die Gebiete an der Peripherie des Reiches zahlten im Allgemeinen mehr in Waren als in Silber. Interessanterweise zahlten die Satrapen die Steuern mit silbernen Talenten, obwohl Silber- und Goldmünzen in Gebrauch waren.

Die drei erstaunlich wohlhabenden Provinzen des indischen Subkontinents zahlten fast ein Drittel des Tributs des gesamten Reiches: acht Tonnen Goldstaub sowie Elefanten, Elfenbein und Teakholz. Das reiche Babylon musste das Militär vier Monate lang ernähren und zusätzlich eintausend Silbertalente entrichten. Ägypten, Libyen, Kyrene und Barca lieferten 120.000 Maß Getreide und 700 Silbertalente. In den iranischen Satrapien waren die Steuern relativ niedrig. Elam zahlte dreihundert Talente und Medien vierhundert Talente, aber sie stellten auch viele Männer für das Militär zur Verfügung, was sich auf den Steuersatz auszuwirken schien. Persien zahlte keine Steuern, aber Tribut, hauptsächlich Schafe und anderes Vieh.

Die gesamte Levante (Syrien, Phönizien, Israel und Zypern) zahlte trotz des astronomischen Reichtums Phöniziens jährlich nur 350 Talente. Diese Länder hatten sich fast sofort Kyros dem Großen unterworfen. Phönizien war ein enormer Aktivposten in der Flotte des Reiches, da es ständig Schiffe baute und bemannte. Die wohlhabenden ionisch-griechischen Stadtstaaten zahlten nur vierhundert Talente pro Jahr für das gesamte Gebiet. Vielleicht wollten die persischen Könige das unbeständige Gebiet nicht in Unruhe versetzen, da die Griechen auf der anderen Seite der Ägäis bereit waren, ihren Verwandten gegen Persien zu helfen. Die ionischen Griechen stellten auch viele Männer für das Militär, insbesondere für die Seemannschaft. Die Stadtstaaten Anatoliens hatten relativ bescheidene Steuern zu entrichten: Phrygien zahlte 360 Talente,

Lydien und Kilikien jeweils 500 Talente.

Die Reliefs von Persepolis zeigen die Bürger des Reiches, die dem König Tribut entrichten.
Hansueli Krapf, CC BY-SA 3.0 <https://creativecommons.org/licenses/by-sa/3.0>, via Wikimedia Commons; https://commons.wikimedia.org/wiki/File:Persepolis_24.11.2009_11-47-13.jpg

Einige benachbarte Regionen, die zwar Verbündete waren, aber nicht zum Reich gehörten, schickten Tribute. Arabien zum Beispiel schickte jährlich tausend Talente Weihrauch. Das Achämenidenreich erhob auch Handelszölle, und die Sklavenmärkte mussten Steuern auf ihre Verkäufe entrichten. Im Gegensatz zum assyrischen Reich, das die Menschen mit hohen Steuern ausbluten ließ, war das achämenidische Steuer- und Tributsystem nachhaltig. Die Satrapien konnten den jährlichen Betrag ohne großes Leid entrichten. Die katastrophalen Kriege mit Griechenland leerten jedoch die persischen Staatskassen, und die persischen Könige wurden in ihrem Lebensstil immer verschwenderischer. Diese Veränderungen bedeuteten höhere Steuern für die Bürger, was zu einer Zunahme der Aufstände des verärgerten Volkes führte und die Invasion Alexanders des Großen begünstigte.

Schlussbemerkung

Das Erbe des Persischen Reiches hat Jahrtausende überdauert. Das Achämenidenreich spielte eine entscheidende Rolle in der Geschichte seiner Zeit im Nahen Osten, in Zentralasien und auf der Balkanhalbinsel. Es führte erfolgreich eine zentralisierte Regierung mit Satrapen ein, die ein bemerkenswertes Maß an lokaler Autonomie besaßen. Sein leistungsfähiges und effizientes Verwaltungssystem war bis zu diesem Zeitpunkt in der Weltgeschichte unerreicht, und es gelang ihm, Stabilität und Frieden in einem riesigen und vielfältigen Reich aufrechtzuerhalten. Es entwickelte eine hervorragende Infrastruktur im gesamten Nahen Osten. Ein Straßennetz über das Imperium hinweg, Kanäle, die wichtige Wasserstraßen verbanden, und ein schnelles Postsystem.

Das Reich der Achämeniden herrschte auch über ein multiethnisches, multikulturelles Reich, das seiner Zeit voraus war, indem es alle Ethnien respektierte und allen Menschen Religionsfreiheit gewährte. Seine Herrscher restaurierten und bauten sogar Tempel verschiedener Glaubensrichtungen wieder auf. Im Gegensatz dazu richteten die Athener Sokrates wegen „Gottlosigkeit" hin, weil er sagte, die griechischen Götter seien moralisch kompromittiert und die Menschen könnten nur mit einem rationalen und perfekten Gott einen moralischen Kompass haben.

Das Achämenidenreich setzte einen Standard für eine geordnete politische Verwaltung, die Alexander der Große übernahm. Man könnte sogar sagen, die Perser gaben den Griechen und Mazedoniern die Idee eines multikontinentalen, multikulturellen Imperiums. Zuvor existierten die Griechen als unabhängige Stadtstaaten und bekämpften einander ständig. Das Reich der Achämeniden zwang sie, sich zum Überleben zu vereinen. Als Philipp II. von Makedonien sah, was ein vereintes Griechenland zur Selbstverteidigung leisten konnte, kam ihm die Idee, dies zu nutzen, um das Achämenidenreich zu verschlingen.

Die effiziente und effektive Bürokratie des Achämenidenreiches hatte großen Einfluss auf seine nahöstlichen, mazedonischen, griechischen und iranischen Nachfolger. Sein vielseitiges Erbe überdauerte die nachfolgenden Reiche der Seleukiden, Parther und Sassaniden. Nach dem plötzlichen Tod Alexanders des Großen im Jahr 323 v. u. Z. teilten seine mazedonischen Generäle das Imperium auf. General Seleukos erhielt zunächst Babylonien und begann dann ein rücksichtsloses Expansionsprogramm, in dem er sich alles von Syrien bis Afghanistan aneignete und dabei das Seleukidenreich schuf.

Seleukos setzte mit der achämenidischen Toleranz aller Religionen und Kulturen fort. Koine, eine Varietät des Altgriechischen, wurde jedoch zur Lingua franca, da die stetige Einwanderung der Griechen in das Reich die hellenistische Kultur und den Aufstieg einer politischen Klasse brachte, die von griechischen Eliten geführt wurde. Dennoch nahmen die mazedonischen und griechischen Emigranten auch die persischen Bräuche und Technologien auf und bildeten eine griechisch-iranische kulturelle Melange, die in Wissenschaft, Mathematik und Kunst voranschritt.

Die politische Struktur des Seleukidenreichs führte das achämenidische System einer zentralisierten Regierung fort, wobei die Satrapen die Macht über eine dezentralisierte Verwaltung ausübten. Es überließ den Iran fast ein Jahrhundert lang sich selbst, wobei persische Könige Persis (Persien selbst) regierten, die ihren seleukidischen Oberherren Tribut zahlten. Der seleukidische Herrscher Antiochos I. (reg. 281-261 v. u. Z.) ernannte jedoch Andragoras zum Satrapen über ganz Iran. Wahrscheinlich war er ethnisch iranisch, aber die Perser und andere Iraner nahmen ihm den Verlust der Autonomie übel.

Die parthischen Stämme im Nordosten des Iran rebellierten 247 v. u. Z. gegen die Seleukiden. Ihre wachsende Macht in Verbindung mit den Kämpfen des Seleukidenreiches mit Rom, Armenien und Ägypten führte schließlich zum Zusammenbruch des Reiches. Unter dem neuen Partherreich besaßen die Perser und andere iranische Stämme als Vasallenkönigreiche lokale Autonomie und zahlten Tribut an die parthischen Könige, die sich als Erben des Achämenidenreiches ausgaben. Die parthischen Könige hielten das System der Satrapien mit Staaten außerhalb des Irans aufrecht.

König Ardaschir I. von Persien besiegte die Parther und gründete 224 u. Z. das Sassanidenreich. Es herrschte vier Jahrhunderte lang und stellte die persische Herrschaft über einen Großteil des früheren Territoriums des Achämenidenreiches wieder her, vom Mittelmeer bis nach Pakistan. Wie die achämenidischen Herrscher tolerierten die Sassaniden alle Religionen und Kulturen. Sie stellten jedoch die persische Kultur bewusst über die griechischen Bräuche. Auch sie hatten eine zentralisierte Regierung mit einer dezentralisierten Verwaltung der Schahr-Distrikte, die den früheren Satrapien ähnelten.

Als das Sassanidenreich 651 u. Z. an die islamischen Araber fiel, wurden seine hochstehenden Staats- und Verwaltungstraditionen und sein kulturelles Erbe an die islamischen Kalifate weitergegeben. Das Osmanische Reich und das Safawidenreich übernahmen die Organisationsprinzipien des Achämenidenreiches. Sein Einfluss ist auch heute noch in den Regierungen des Nahen Ostens zu spüren. Persien blieb bis zu seinem Niedergang im 19. Jahrhundert u. Z. eine bedeutende Macht im Nahen Osten und hat in letzter Zeit seine regionale Vormachtstellung wiedererlangt. Durch die Bewältigung anhaltender sozialer, wirtschaftlicher und politischer Herausforderungen hat der widerstandsfähige iranische Staat seine regionale Macht und seinen Einfluss ausgebaut.

Kyros der Große und das Achämenidenreich sind in den Köpfen der Iraner von heute noch immer überlebensgroß. Vor dem Achämenidenreich waren die iranischen Stämme der Unterdrückung durch ausländische Mächte schutzlos ausgeliefert. Kyros bewahrte die Freiheit und die kulturelle Identität der Perser und machte ihr Land zum größten Reich, das es je gab. Die heutigen Iraner betrachten ihn als den Vater ihres Volkes und den Gründer des ersten geeinten Staates im Iran. Sie erinnern sich mit außerordentlichem Stolz an die Geschichte von Kyros und das große Reich der Achämeniden.

Die Iraner betrachten Kyros als Helden, als sympathischen Führer und als Vorbild für eine wohlwollende Herrschaft. Er war ein Mann, der seiner Zeit voraus war. Kein Wunder, dass eine vorgeschlagene Friedensinitiative zwischen Iran und Israel im Jahr 2021 den Namen Kyros-Abkommen erhielt. Damit wird das Band der Freundschaft gefeiert, das auf die Befreiung Israels aus der babylonischen

Gefangenschaft durch Kyros im Jahr 538 v. u. Z. zurückgeht.[53]

In den letzten zwei Jahrzehnten hat sich eine spontane Tradition entwickelt. Tausende von Persern versammeln sich am Grab von Kyros dem Großen, um ihn am „Kyros-der-Große-Tag" zu ehren. Der inoffizielle Feiertag fällt auf den siebten Tag des Aban, den Tag im Oktober, an dem Babylon von Kyros erobert wurde. Bei einer kürzlichen Versammlung, bei der Horden von Menschen häufig in Gesang ausbrachen, erklärte ein Feiernder die Stimmung der Menge. „Wir zollen einem König Tribut, der die Menschen überall respektierte, unabhängig von ihrer religiösen oder ethnischen Herkunft.[54]

[53] Karmel Melamed, „Cyrus Accords' Old Seeds of Peace: Iran & Israel's Forgotten Friendship," *The Times of Israel,* April 4, 2021. https://blogs.timesofisrael.com/cyrus-accords-old-seeds-of-peace-iran-israels-forgotten-friendship/.

[54] Alijani Ershad, „Thousands in Iran use King's Anniversary to Protest against Ruling Regime," *France 24: The Observers,* April 11, 2016. https://observers.france24.com/en/20161103-iran-cyrus-king-regime-protest.

Schauen Sie sich ein weiteres Buch aus der Reihe Enthralling History an.

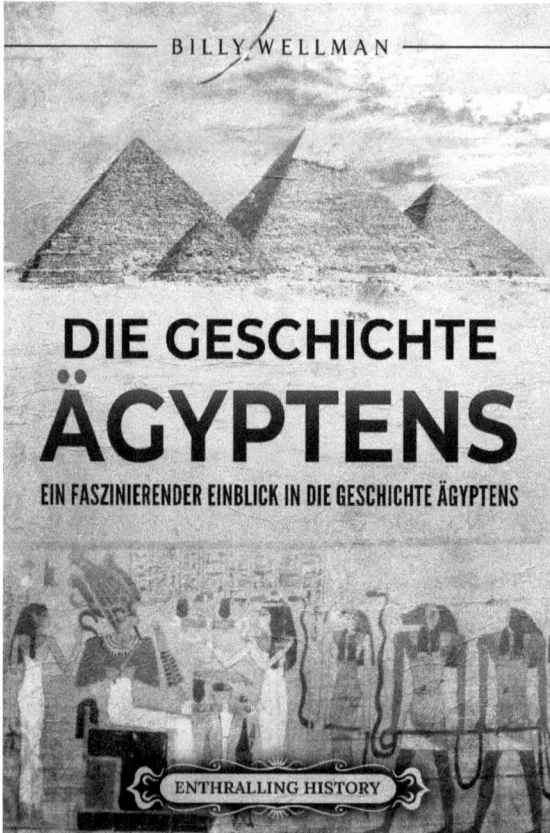

BILLY WELLMAN

DIE GESCHICHTE
ÄGYPTENS

EIN FASZINIERENDER EINBLICK IN DIE GESCHICHTE ÄGYPTENS

ENTHRALLING HISTORY

Bibliographie

„Achaemenid Judicial and Legal Systems." *Encyclopaedia Iranica.* Vol. XV, Fasc. 2 (2012): 174-177.

Anderson, Steven D., and Rodger C. Young. „The Remembrance of Daniel's Darius the Mede in Berossos and Harpocration." *Bibliotheca Sacra* 173 (July-September 2016): 315-23.

Arrian. *Alexander the Great: The Anabasis and the Indica.* Translated by Martin Hammond. Oxford: Oxford University Press, 2013.

„Artaxerxes III." *Encyclopaedia Iranica.* Vol. II, Fasc. 6 (2011): 658-59.

Austin, M. M. „Greek Tyrants and the Persians, 546-479 B. C." *The Classical Quarterly* 40, no. 2 (1990): 289-306. Accessed September 6, 2021. http://www.jstor.org/stable/639090.

Badian, E. „Darius III." *Harvard Studies in Classical Philology* 100 (2000): 241–67. https://doi.org/10.2307/3185218.

Bahadori, Ali and Negin Miri. „The So-called Achaemenid Capitals and the Problem of Royal Court Residence." *Iran,* (2021) DOI: 10.1080/05786967.2021.1960881.

Beaulieu, Paul-Alain. „Nabonidus the Mad King: A Reconsideration of His Steles from Harran and Babylon." In *Representations of Political Power,* edited by Marlies Heinz and Marian H. Feldman, 137-167. Winona Lake: Eisenbrauns, 2007.

Beaulieu, Paul-Alain. *Reign of Nabonidus, King of Babylon (556-539 BC).* New Haven: Yale University Press, 1989.

Bennett, Bob, and Mike Roberts. *The Wars of Alexander's Successors, 323–281 BC (Commanders and Campaigns Book 1).* South Yorkshire. Pen & Sword Military, 2013.

Bennett, Bob, and Mike Roberts. *The Wars of Alexander's Successors 323 – 281 BC. Volume 2: Battles and Tactics.* South Yorkshire: Pen & Sword Military, 2009.

Bertman, Stephen. *Handbook to Life in Ancient Mesopotamia.* Oxford: Oxford University Press, 2005.

Brosius, Maria. *A History of Ancient Persia: The Achaemenid Empire.* Hoboken, NJ: Wiley Blackwell, 2020.

Carter, R., and Graham Philip, eds. *Beyond the Ubaid: Transformation and Integration in the Late Prehistoric Societies of the Middle East.* Chicago: The Oriental Institute, University of Chicago, 2010.

Charles, Michael B. „Achaemenid Elite Cavalry: From Xerxes to Darius III." *The Classical Quarterly* 65, no. 1 (2015): 14–34. http://www.jstor.org/stable/43905638.

Chavalas, M. W., ed. *The Ancient Near East: Historical Sources in Translation.* Malden, MA: Blackwell Publishing, 2006.

Clark, Peter. *Zoroastrianism: An Introduction to an Ancient Faith (Beliefs & Practices).* East Sussex: Sussex Academic Press, 1998.

Cyrus Cylinder. Translated by Irving Finkel. The British Museum. https://www.britishmuseum.org/collection/object/W_1880-0617-1941.

Darius I. *The Behistun Inscription.* Livius. https://www.livius.org/articles/place/behistun/behistun-3/.

Da Riva, Rocío. „The Figure of Nabopolassar in Late Achaemenid and Hellenistic Historiographic Tradition: BM 34793 and CUA 90." *Journal of Near Eastern Studies* 76, no.1. https://www.journals.uchicago.edu/doi/full/10.1086/690464.

„Dāta." *Encyclopaedia Iranica.* Vol. VII, Fasc. 1 (2011): 114-115. https://www.iranicaonline.org/articles/data.

De Graef, Katrien. „Dual Power in Susa: Chronicle of a Transitional Period from Ur III via Šimaški to the Sukkalmaḫs." *Bulletin of the School of Oriental and African Studies, University of London* 75, no. 3 (2012): 525–46. http://www.jstor.org/stable/41811207.

Enthralling History. *Ancient Mesopotamia: An Enthralling Overview of Mesopotamian History,*

Starting from Eridu through the Sumerians, Akkadian Empire, Assyrians, Hittites, and Persians to Alexander the Great. Coppell, Texas: Joelan AB, 2022.

Ershad, Alijani. „Thousands in Iran use King's Anniversary to Protest against Ruling Regime." *France 24: The Observers.* April 11, 2016. https://observers.france24.com/en/20161103-iran-cyrus-king-regime-protest.

Grayson, A. K. *Assyrian Rulers of the Early First Millennium BC II (858-745 BC)* (Royal Inscriptions of Mesopotamia. Assyrian Periods. Volume 3), Toronto: University of Toronto Press, 1996.

Herodotus. *Capture of Babylon.* Livius.

Herodotus, *The Histories.* Translated by George Rawlinson. New York: Dutton & Co, 1862. http://classics.mit.edu/Herodotus/history.html.

Josephus, Flavius. *Antiquities of the Jews.* Translated by William Whiston. Project Gutenberg. https://www.gutenberg.org/files/2848/2848-h/2848-h.htm

Kent, Roland. *Old Persian: Grammar, Texts, Lexicon.* New Haven: American Oriental Society, 1950.

Kerrigan, Michael. *The Ancients in Their Own Words.* London: Amber Books, 2019.

Kuhrt, Amélie. *The Persian Empire: A Corpus of Sources from the Achaemenid Period.* London: Routledge, 2007.

Lorenzi, Rossella. „Vanished Persian Army Said Found in Desert." *NBC News: Science News,* November 9, 2009. https://www.nbcnews.com/id/wbna33791672.

Mark, Joshua J. „Behistun Inscription." *World History Encyclopedia.* https://www.worldhistory.org/Behistun_Inscription/.

Mark, Joshua J. „The Battle of Pelusium: A Victory Decided by Cats." *World History Encyclopedia.* https://www.worldhistory.org/article/43/the-battle-of-pelusium-a-victory-decided-by-cats/.

Melamed, Karmel. „Cyrus Accords' Old Seeds of Peace: Iran & Israel's Forgotten Friendship." *The Times of Israel.* April 4, 2021. https://blogs.timesofisrael.com/cyrus-accords-old-seeds-of-peace-iran-israels-forgotten-friendship/.

Mildenberg, Leo. „Artaxerxes III Ochus (358 – 338 B.C.). A Note on the Maligned King." *Zeitschrift Des Deutschen Palästina-Vereins (1953-)* 115, no. 2 (1999): 201-27. http://www.jstor.org/stable/27931620.

Nemet-Nejat, Karen Rhea. *Daily Life in Ancient Mesopotamia.* Westport, Connecticut: Greenwood Press, 1998.

Photius' Excerpt of Ctesias' Persica. Livius. https://www.livius.org/sources/content/ctesias-overview-of-the-works/photius-excerpt-of-ctesias-persica/#34.

Plutarch, *The Parallel Lives: The Life of Artaxerxes.* The Loeb Classical Library edition. https://penelope.uchicago.edu/Thayer/E/Roman/Texts/Plutarch/Lives/Artaxerxes*.html.

Pollock, Susan. *Ancient Mesopotamia.* Cambridge: Cambridge University Press, 1999.

Polyaenus. *Stratagems: Book Seven.* Translated by R. Shepherd (1793). http://www.attalus.org/translate/polyaenus7.html

Postgate, Nicholas. *Early Mesopotamia: Society and Economy at the Dawn of History.* Oxfordshire: Routledge, 1994.

Prayer of Nabonidus (4Q242). Livius. https://www.livius.org/sources/content/dss/4q242-prayer-of-nabonidus/

Reade, J. E. „Kassites and Assyrians in Iran." *Iran* 16 (1978): 137–43. https://www.jstor.org/stable/4299653?origin=crossref

Sackrider, Scott. „The History of Astronomy in Ancient Mesopotamia." *The NEKAAL Observer* 234. https://nekaal.org/observer/ar/ObserverArticle234.pdf

Shenkar, Michael. „Temple Architecture in the Iranian World before the Macedonian Conquest." *Iran & the Caucasus* 11, no. 2 (2007): 169–94. http://www.jstor.org/stable/25597331.

Siculus, Diodor. *Library of History.* Volume II. Loeb Classical Library Edition. https://penelope.uchicago.edu/Thayer/E/Roman/Texts/Diodor_Siculus/16C*.html

Stol, Marten. „Women in Mesopotamia." *Journal of the Economic and Social History of the Orient* 38, no. 2 (1995): 123–44. http://www.jstor.org/stable/3632512.

Teall, Emily K. „Medicine and Doctoring in Ancient Mesopotamia." *Grand Valley Journal of History* 3:1 (2014), Article 2. https://scholarworks.gvsu.edu/gvjh/vol3/iss1/2

The Chronicle Concerning the Reign of Nabonidus (ABC 7). Livius, 2020. https://www.livius.org/sources/content/mesopotamian-chronicles-content/abc-7-nabonidus-chronicle/

The Tanakh: Full Text. Jewish Virtual Library: A Project of AICE. 1997. https://www.jewishvirtuallibrary.org/the-tanakh-full-text

Thucydides, *The War of the Peloponnesians, and the Athenians.* Translated by Jeremy Mynott. Cambridge: Cambridge University Press, 2013.

Van De Mieroop, Marc. *A History of the Ancient Near East ca. 3000 - 323 BC.* Hoboken: Blackwell Publishing, 2006.

Verse Account of Nabonidus. Translated by A. Leo Oppenheim. Livius. https://www.livius.org/sources/content/anet/verse-account-of-nabonidus/

Waters, Matt. *Ancient Persia: A Concise History of the Achaemenid Empire, 550-330 BCE.* New York: Cambridge University Press, 2014.

Weiershäuser, Frauke, and Jamie Novotny. *The Royal Inscriptions of Amēl-Marduk (561–560 BC), Neriglissar (559–556 BC), and Nabonidus (555–539 BC), Kings of Babylon* (PDF). Winona Lake: Eisenbrauns, 2020.

Worthington, Ian. *By the Spear: Philip II, Alexander the Great, and the Rise and Fall of the Macedonian Empire (Ancient Warfare and Civilization).* Oxford: Oxford University Press, 2016.

Xenophon. *Cyropaedia: The Education of Cyrus.* Translated by Henry Graham Dakyns. Project Gutenberg eBook. https://www.gutenberg.org/files/2085/2085-h/2085-h.htm

Xenophon. *The Landmark Xenophon's Hellenika.* Translated by John Marincola. New York: Anchor, 2010.

Zarghamee, Reza. *Discovering Cyrus: The Persian Conqueror Astride the Ancient World.* Washington, DC: Mage Publishers, 2018.